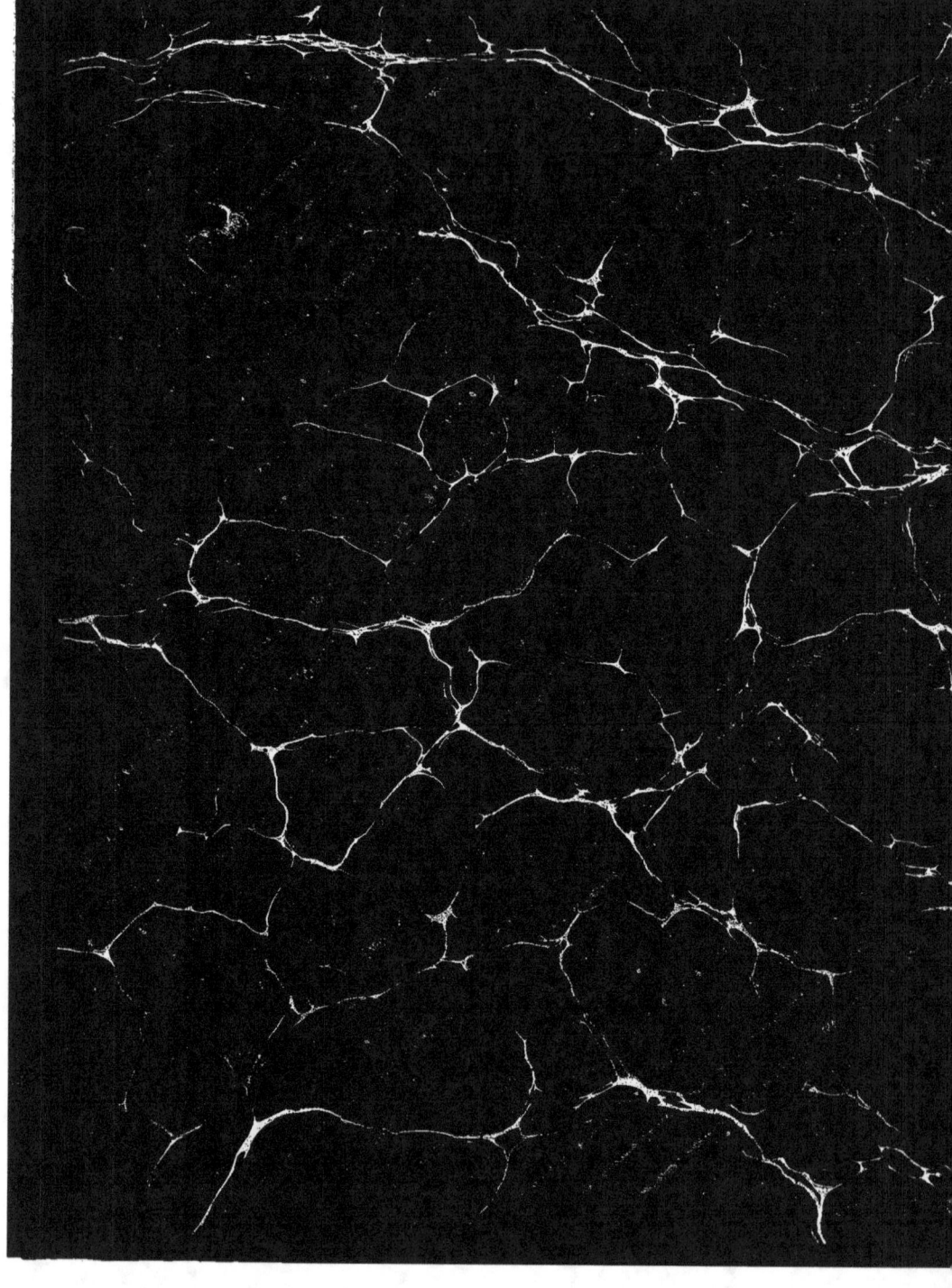

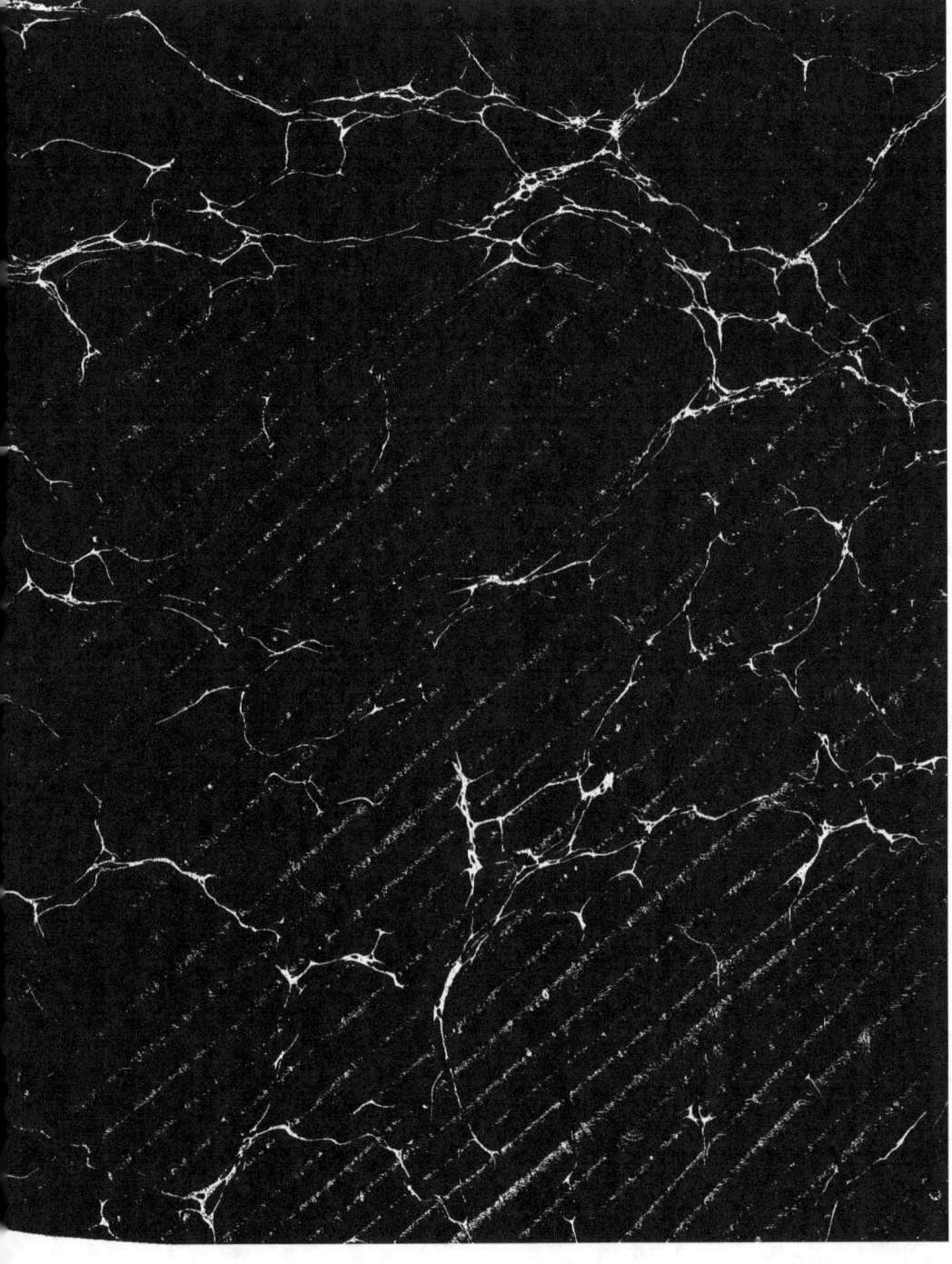

V

CHEFS-D'ŒUVRE

DE

L'ART ANTIQUE

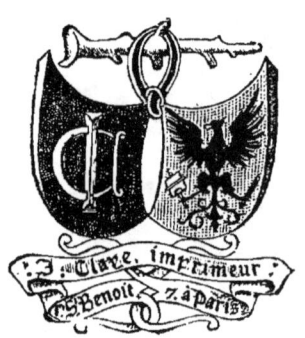

CHEFS-D'ŒUVRE

DE

L'ART ANTIQUE

ARCHITECTURE — PEINTURE
STATUES — BAS-RELIEFS — BRONZES — MOSAÏQUES — VASES
MÉDAILLES — CAMÉES — BIJOUX — MEUBLES, ETC.

Tirés principalement du Musée royal de Naples

DESSINÉS ET GRAVÉS PAR LES PRINCIPAUX ARTISTES ITALIENS

PREMIÈRE SÉRIE

MONUMENTS DE LA VIE DES ANCIENS

TEXTE PAR M. ROBIOU

Professeur de l'Université

——oo⁞o⁞oo——

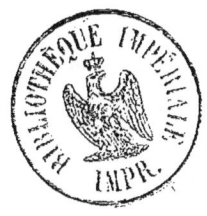

TOME TROISIÈME

PARIS

A. LÉVY, LIBRAIRE-ÉDITEUR

29, RUE DE SEINE, 29

—

1867

LIVRE PREMIER.

NOTIONS GÉNÉRALES
SUR LA DÉCOUVERTE ET L'ASPECT D'HERCULANUM ET DE POMPÉI.

CHAPITRE PREMIER.

LES DÉCOUVERTES.

Des deux villes campaniennes que l'éruption du Vésuve avait envahies tout entières, l'an 79 de l'ère chrétienne, & qui nous ont conservé de si précieux débris de la vie privée des anciens, celle dont les ruines ont été reconnues les premières est, sans comparaison, celle dont le déblayement est le moins avancé. On peut même dire que, depuis la première découverte, c'est-à-dire depuis près de deux siècles, Herculanum est à peine entrevu, tandis qu'en un siècle de travaux fort intermittents, Pompéi (ou Pompeia) a été presque entièrement reconnue, sinon presque entièrement déblayée. Rien de plus facile, du reste, que de comprendre cette différence. Herculanum recouvert, lors de l'éruption, par des cendres brûlantes, puis par des torrents d'eau & enfin par une couche épaisse de lave, reste enseveli sous une croûte difficile à percer & assez solide pour qu'on ait construit au-dessus la petite ville de Portici, où se trouve un palais des rois de Naples, & celle de

Résina : la planche 2 donne une idée exacte de la position respective qu'occupent les villes modernes & la partie découverte d'Herculanum. Ainsi, la crainte de compromettre l'existence de ces localités a imposé aux explorateurs d'Herculanum la loi de combler chaque partie de la ville antique avant d'en déblayer une autre; & il s'en faut que, lors des premières recherches, on ait suppléé par des plans & des dessins exacts au grave inconvénient de cette nécessité pour l'étude de l'ensemble. De plus, le poids des laves avait effondré les toits des maisons de cette ville; leur dureté & la grande profondeur des fouilles opposent au travail des difficultés considérables qu'on ne rencontre point à Pompéi, recouverte seulement par une couche assez mince de cendres légères, mêlées de scories, de *lapilli* (petits cailloux) & de laves, mais en fragments peu embarrassants pour les travailleurs[1].

Dès 1684 & 1689, des inscriptions & des débris de marbres, trouvés dans des excavations, au lieu où fut Herculanum, auraient dû mettre sur la voie de cette découverte; néanmoins, ces indices furent négligés jusqu'en 1711, où le prince d'Elbœuf, ayant appris que de nouveaux débris avaient été mis au jour par un puits que l'on creusait, fit poursuivre les fouilles sous la direction de l'architecte Giuseppe Standardo. Un temple & plusieurs statues furent alors découverts; mais le gouvernement autrichien, alors établi à Naples, défendit de continuer des excavations menaçantes, disait-on, pour la sûreté de Résina, & elles ne furent reprises qu'en 1738, par ordre de Charles III, le fondateur de la dynastie espagnole à Naples; en creusant le même puits, on arriva directement au théâtre d'Herculanum[2]. Dix ans plus tard, le même souverain fit

---

1. V. Winckelmann, Lettre au comte de Bruhl sur les découvertes d'Herculanum (traduct. franç., suivie de la Lettre à M. Füssli, &c.), p. 8 à 18. — Vasi, *Itinéraire de Rome à Naples*; 4ᵉ édit., p. 214 & 230-231.

2. Bechi, t. VII, pl. 59 du *Museo Borbonico*, 1ʳᵉ édition. — Winckelmann, *ubi supra*, p. 24-25. — Vasi, p. 211-212.

commencer les fouilles qui ont amené la découverte de Pompéi, lorsque des paysans eurent donné l'éveil, en mettant au jour les murs de l'un des édifices [1].

Les fouilles furent d'abord très-peu actives. Dans son voyage de 1762, Winckelmann[2] constatait la médiocrité relative des résultats obtenus & le peu de zèle avec lequel on en poursuivait de nouveaux. Cependant, le nombre des travailleurs fut accru peu de temps après, &, en 1763, on entreprit des recherches heureuses dans les environs de Pompéi[3]. Après les bouleversements survenus dans ce pays à la fin du XVIIIe siècle, & qui naturellement n'avaient pas permis de les poursuivre, on y revint sous l'administration de Murat. M. Mazois exécuta, de 1809 à 1811, les belles études dont il a publié les résultats. Jusque-là, dit-il, les monuments de Pompéi n'avaient été connus que par l'ouvrage de l'Académie de Naples sur les mosaïques & les peintures de la maison de campagne ou par des gravures faites d'après des dessins levés furtivement[4]. Quant à Herculanum, l'attention ne s'était sérieusement portée que sur les objets susceptibles de transport, & on avait même complètement abandonné les fouilles, depuis la mort de Charles III jusqu'en 1818, où elles furent reprises sous François Ier[5].

A Pompéi[6], les travaux furent poursuivis durant les années 1812-1813; plusieurs rues furent ouvertes, une large & profonde tranchée, faite à l'extérieur des murailles, permit de reconnaître le système des fortifications de cette ville. En 1824, on en connaissait déjà presque toute l'enceinte; un forum, sept temples,

---

1. Bechi, *Relazione degli scavi di Pompei*, p. 2 (*Mus. Borb.*, t. I). — Le P. Garruci, *Questioni Pompeiane*, § 6, nous apprend que des tentatives pour retrouver Pompéi avaient eu lieu au XVIIe siècle, mais qu'elles n'avaient donné aucun résultat important.
2. Lettre au comte de Bruhl, p. 28-30.
3. Lettre à M. Füssli.
4. Mazois, *les Ruines de Pompéi*, t. I, préface.
5. Bechi, *Mus. Borb.*, t. VII.
6. Mazois, *les Ruines de Pompéi*, p. 31-32.

une basilique, trois portiques, un amphithéâtre, deux théâtres, un grand nombre de maisons & de boutiques étaient découverts [1]. Durant les années suivantes, chaque volume publié au musée Borbonico tint le monde savant au courant des progrès de l'exploration dont nous retrouverons, dans le cours de ce volume, les principaux résultats. La *Pompeia* de M. Breton en fait connaître l'état en 1855; & ils se sont encore beaucoup accrus ces années dernières.

1. Bechi, *Mus. Borb.*, t. I, *Relazione*, &c., p. 2.

CHAPITRE II.

CARACTÈRE ARCHITECTURAL.

I. *Les deux villes*. — Comme le fait observer Bechi [1], Herculanum était une colonie grecque établie au milieu d'une population osque, bien que la ville fût tombée, dans le ve siècle, au pouvoir des Samnites, &, depuis 283, sous l'empire de Rome ; les inscriptions osques n'y sont pas très-rares, & le caractère architectural des monuments est bien celui des Grecs. Quant à la ville beaucoup mieux connue qui l'avoisine (Pompéi est à douze milles de Naples & à sept de Portici), voici ce que Mazois disait [2], en 1828, du système de construction qu'on y remarque :

« Les monuments de Pompéi appartiennent à l'architecture grecque : cependant on est forcé de convenir qu'elle ne s'y montre plus dans toute sa pureté primitive, quoique, d'ailleurs, les édifices de cette ville ne manquent point de simplicité, de noblesse ni de grâce. L'influence qu'eut nécessairement la longue domination des Romains ne s'y fait quelquefois que trop sentir... En examinant les constructions, on y retrouve toutes celles dont parle Vitruve ; mais les plus communes sont l'*opus incertum* (v. *infra*) & les constructions en briques. » L'auteur énumère ensuite les pierres employées dans ces édifices & distingue : 1° la pierre de lave dure,

---

1. *Mus. Borb.*, t. VII, *ubi supra*, d'après Denys d'Halicarnasse & Strabon.
2. Tome I, p. 21.

susceptible de poli; 2° les scories volcaniques; 3° le tuf, plus ou moins blanc; 4° la pierre ponce, blanche, fusible & compacte, ou grise & poreuse; 5° le *piperno*, pierre grise, d'un grain rude; 6° (dans un seul monument) des pierres calcaires contenant des pétrifications; 7° le travertin. Le bois, ajoute-t-il, était fréquemment employé dans les constructions de la ville [1].

II. *Les murs de Pompéi*. — Un peu plus loin[2], l'auteur donne, sur les fortifications de Pompéi, des renseignements que l'on peut résumer en ces termes : Aux murailles garnies de tours était joint l'*agger* de Vitruve, c'est-à-dire un *terre-plein* entre deux lignes de murs, sauf pourtant aux lieux où sont demeurés les vestiges des murailles méridionales. Les réparations avaient été faites en *opus incertum*, c'est-à-dire en petits moellons placés régulièrement & à bain de mortier. Les murs de Pompéi sont crénelés des deux côtés. Les tours, ajoute l'auteur, ne paraissent pas d'une aussi haute antiquité que les murs en pierres de taille; elles sont construites en petits moellons de tuf... Leur forme est quadrangulaire.... Ces tours, qui servent en même temps de poternes, sont placées à des distances inégales les unes des autres... Il paraît que la ville n'avait pas de fossés, du moins du côté où l'on a fouillé, car les murs, en cet endroit, étaient assis sur un terrain escarpé.

III. *Les forums*. — Le forum d'Herculanum, très-imparfaitement dégagé lorsque la planche 1 a été gravée, formait un carré long entouré de portiques; il avait environ 70 mètres dans sa plus grande dimension & l'on y avait accès par cinq arcades ornées de statues équestres[3]. Les ruines de Préneste & de Gabies témoignent que les portiques étaient une décoration ordinaire pour

---

1. Mazois, *les Ruines de Pompéi*, t. I, p. 22.
2. *Ibid.*, p. 34-37.
3. *Les Ruines de Pompéi*, t. III, p. 33 (continuation de Mazois, par M. Gau). — Vasi, *Itinéraire*, p. 213-214. — Breton, *Pompeia*, p. 346-347.

les places publiques, même des villes de troisième ou quatrième ordre, en Italie, bien qu'il n'ait jamais appartenu au *forum romanum*; à plus forte raison, doit-on s'attendre à le retrouver à Pompéi, ville considérable par son commerce & qui, située sur le Sarnus, tout près de son embouchure, servait de port à Nola, Nocerra & Acerra. Les dessins de Mazois & les descriptions de Gau[1] nous montrent le grand forum de cette ville entouré de vastes portiques à double étage & à large entre-colonnement. « Ces portiques, dit l'archéologue français, ont l'élégance des formes grecques, restaurées par des mains moins habiles; travail dont on paraît s'être occupé au moment même de l'éruption, car on voit des chapiteaux & des parties d'entablement, seulement ébauchés, placés de distance en distance dans leur position respective & tout apprêtés pour être élevés sur des fûts. Les colonnes sont d'ordre dorique, non dans les proportions grecques, mais sveltes, élégantes comme celles de plusieurs monuments de l'Italie. » — « Trois faces de ce forum sont ainsi entourées de colonnades; la quatrième est occupée par deux arcs de triomphe (v. pl. 3), aux deux côtés d'un édifice[2]. Tous les autres édifices sont rangés avec plus ou moins de symétrie à l'entrée & en arrière des portiques. En voyant l'espèce de désordre qui règne dans cette disposition, il est facile de reconnaître la construction successive de tous ces monuments & la formation, ou du moins l'agrandissement du forum aux dépens des quartiers voisins. Cette dernière supposition paraît la plus vraisemblable, à la vue de rues entrecoupées, d'autres totalement interceptées & surtout du manque d'alignement. » L'auteur pense donc que ce forum fut l'œuvre de la colonie romaine, & que le quartier des théâtres était le noyau primitif de la cité grecque, conjecture pleinement confirmée par la découverte, dans ce quartier, d'un forum grec triangulaire (v. *infra*). D'autre part, M. Breton a donné,

---

1. *Les Ruines de Pompéi*, tome III, p. 34-35.
2. C'est un temple, que nous aurons à étudier au chapitre II du livre II.

dans sa *Pompeia,* une inscription *latine* constatant que les portiques en furent élevés par ou sous le *Questeur* (municipal) Popidius. Notre planche 3 en représente une entrée. Sa forme, comme pour tous ceux des Romains, est celle d'un parallélogramme allongé ; il est partout pavé en dalles régulières ; on y reconnaît des piédestaux destinés à supporter des statues. Une rue y arrive par un des arcs de triomphe, & plusieurs autres par les entre-colonnements des portiques [1].

Différent en cela du forum de Gabies & aussi de certains forums impériaux de Rome, celui de Pompéi était libre, ne contenant aucun édifice dans l'enceinte de ses portiques. Ceux-ci étaient décorés de vingt-deux piédestaux, destinés certainement à des statues & dont cinq portent encore des inscriptions. Les colonnes de la galerie inférieure sont d'ordre dorique romain, cannelées aux deux tiers de leur hauteur & polygonales à la partie inférieure ; pour la galerie supérieure, on avait adopté l'ordre ionique [2] ; cette place n'a pas moins de 157 mètres de long sur 33 de large [3] ; elle était bordée des quatre côtés par des monuments publics.

Le forum triangulaire avait été déblayé en 1813 & 1818 ; sa destination était d'abord restée incertaine, mais, en 1838, Vasi l'affirme sans hésiter [4], c'est bien un *forum,* & non l'esplanade de l'Acropole, comme Mazois en avait eu la pensée, bien qu'il y soupçonnât déjà un premier forum de Pompéi [5]. L'intérieur en est, en partie, occupé par un *hécatonstylon* ou portique à cent colonnes, muni d'un propylée en style ionique purement grec [6].

IV. *Les rues de Pompéi.* — « Les rues, dit Mazois [7], sont peu

1. Gau, *Les Ruines de Pompéi*, t. III.
2. Voir Gau, *ibid.*, p. 34-35. — Breton, *Pompeia,* 103-104.
3. Breton, *Pompeia,* p. 102.
4. *Itinéraire de Rome à Naples,* p. 239 & 256.
5. *Les Ruines de Pompéi,* t. III, p. 18.
6. Breton, *Pompeia,* p. 128. — Mazois, *les Ruines de Pompéi,* t. III, p. 17.
7. *Les Ruines de Pompéi,* t. II, p. 35-36.

larges, mais il n'était pas nécessaire qu'elles fussent aussi spacieuses que les nôtres, puisque les chars n'avaient tout au plus que quatre pieds de voie, comme il est facile de s'en convaincre en examinant les traces des roues... Elles ont, comme la voie extérieure, une chaussée pavée de grands quartiers de lave & deux trottoirs latéraux... Les eaux pluviales & celles qui provenaient du trop-plein des fontaines étaient conduites hors de la ville par des égouts pratiqués sous les trottoirs, ainsi que plusieurs exemples m'ont permis de l'observer. » La voie extérieure dont parle cet archéologue est sans doute la rue des tombeaux dont nous parlerons au livre suivant. Dans le cours de ce volume j'aurai plus d'une fois l'occasion de désigner par leurs noms les rues de Pompéi, mais je ne pense pas qu'aucune de ces désignations soit antique. Les rues, comme les maisons de la ville exhumée, ont reçu, pour la commodité de l'archéologie, des noms empruntés à quelque détail des découvertes qu'on y a faites, à mesure qu'on les déblayait. Le plan de M. Breton fait voir qu'elles sont assez droites, sans être pourtant tirées au cordeau dans toute leur longueur. En général, l'intervalle entre deux rues comprend l'espace de plusieurs maisons.

LIVRE DEUXIÈME.

TEMPLES ET TOMBEAUX.

CHAPITRE PREMIER.

NOTIONS GÉNÉRALES SUR LES TEMPLES ANCIENS.

Les temples anciens les plus complets étaient composés d'un portique, du pronaos, de la cella ou naos, & de l'opisthodome ; mais toutes ces parties n'étaient point nécessaires pour le constituer, l'opisthodome surtout est très-fréquemment omis. Dans la classification de Vitruve[1], c'est la disposition du portique qui donne au temple son épithète caractéristique. Il s'appelle *templum in antis*, en grec ναὸς ἐν περιστάσει, celui dont la face antérieure a, aux deux angles, des pilastres engagés qu'on appelle les *antes* & qui sont considérés comme les prolongements du mur de la cella ou du pronaos. Habituellement, des colonnes placées entre les antes soutiennent avec eux le fronton (toujours en triangle surbaissé) ; Vitruve en exige deux si la façade a plus de 20 pieds de largeur[2]. Le temple *prostyle* a des colonnes en avant des antes, tel que celui de Jupiter & de Faune dans l'île du Tibre à Rome ; l'*amphiprostyle*

---

1. *De Architectura*, livre III, chap. II.
2. Cf. *Ibid.*, & livre IV, chap. IV.

y joint des colonnes & un fronton semblablement placés en arrière de l'édifice (*in postico*). Le *périptère* est environné de toutes parts d'un rang de colonnes formant une galerie autour de l'édifice principal : six de face & onze de côté, en comptant celle des angles ; le *pseudopériptère* ira jusqu'à huit de face & quinze de côté ; mais les colonnes médiales de la façade & du posticum sont appliquées à la muraille ; Vitruve en donne pour exemple celui de Diane à Magnésie. Le temple *diptère* devait être octastyle (à 8 colonnes), tant au pronaos qu'au posticum, & il avait un double rang de colonnes à droite & à gauche de l'édifice ; tel était, pour l'ordre ionique, le temple de Diane à Éphèse, &, pour l'ordre dorique, le temple de Quirinus [1]. Ces différents temples recevaient aussi différentes classifications (pycnostyle, systyle, diastyle, &c.) d'après l'espace que les colonnes laissaient entre elles [2]. Enfin on nomme *hypèthres* des temples découverts qui avaient, dans l'intérieur, des rangs de colonnes détachées de la muraille & beaucoup plus hautes que celles de l'extérieur. Ils devaient tous, selon Vitruve, être *diptères* décastyles (à dix colonnes de face). Il n'y a point à Rome de temple hypèthre, ajoute-t-il, mais tel est, à Athènes, celui de Jupiter Olympien [3].

Le temple devait être orienté de telle sorte que, quand l'espace le permettait, l'image du dieu, placée dans la *cella* & faisant face à l'autel, fût tournée vers l'ouest, en sorte que le sacrificateur se tournât vers l'orient pour accomplir le sacrifice [4]. La *cella* ou sanctuaire, était généralement précédée par un *pronaos*, de même largeur qu'elle & compris dans la même enceinte de murailles, mais dont elle était séparée par un mur parallèle à la façade. L'*opisthodome* était comme un second pronaos placé der-

---

1. Vitruve, *de Archit.*, livre III, chap. II.
2. *Ibid.*, chap. III.
3. *Ibid.*, chap. II.
4. *Ibid.*, livre IV, chap. V.

rière la cella; il était complétement ouvert dans le temple de Jupiter à Æzani[1]. Toutes ces parties se reconnaissent dans les ruines du fameux temple de Jupiter à Olympie, qui avait à l'intérieur un double rang de portiques superposés[2]. Comme les temples anciens n'avaient presque jamais aucune fenêtre, le *naos* était presque nécessairement hypèthre (v. chap. II) si les portes qui y conduisaient ne donnaient pas directement accès à l'extérieur. Le temple d'Olympie était périptère, & pourvu de trois grandes divisions aussi bien que celui d'Apollon Épicourios à Bassæ (également à naos hypèthre[3]). Il en est de même du temple d'Athéna (Minerve), Suniade en Attique & du temple de Jupiter Panhellénien à Égine[4]. Mais le temple d'Artémis (Diane) à Magnésie, paraît n'avoir pas eu de pronaos[5]. Celui d'Éphèse a totalement disparu.

L'architecture étrusque admettait, à droite & à gauche de la cella, des cellæ ou chambres de dimension moindre, comprenant, de chaque côté, les trois dixièmes de la largeur totale[6]. Il y avait aussi des temples ronds, quelquefois périptères[7]; la forme ronde était, chez les Romains, celle du fameux temple de Vesta.

1. Texier, *Description de l'Asie Mineure*, t. I.
2. Blouet, *Expédition scientifique de Morée*, t. I. pl. 65.
3. *Ibid.*, tom. II.
4. *Ibid.*, tom. III.
5. Voy. Texier, *Description de l'Asie Mineure*, tome III, p. 40, 91-8, 101.
6. Vitruve, *De Archit.*, livre IV, chap. VII.
7. *Ibid.*, chap. VIII.

CHAPITRE II.

TEMPLES DE POMPÉI. — RESTITUTION.

I. *Observations générales.* — On le voit, la restitution d'un temple grec ou romain, d'après les restes, même peu nombreux, de son architecture, est une des opérations les moins difficiles parmi celles que peut se proposer la science archéologique, grâce à ces règles précises & bien connues, sans être positivement uniformes, que Vitruve nous a transmises, & dont les monuments les mieux conservés nous présentent l'application. Assurément la variété était grande dans l'architecture, même religieuse, des anciens; outre les différences que nous venons de voir dans l'aménagement du temple même, elle résultait de la variété des ordres de colonnes & surtout de la variété presque indéfinie des peintures, sculptures, statues ou bas-reliefs qui pouvaient décorer l'édifice. Mais, une fois qu'on a reconnu pour l'un d'eux les spécimens des colonnes elles-mêmes, la disposition d'un certain nombre de bases, les fondements de certains murs, le reste de la construction suit, en vertu de calculs fort simples. On en peut refaire, par la pensée ou le crayon, l'élévation architecturale à peu près entière, comme, à l'aide de certains os & par la connaissance des causes finales qui en relient l'usage à la disposition & à l'emploi de divers organes, Cuvier savait refaire un squelette d'animal perdu, & le refaire tel que l'ont donné des découvertes géologiques ultérieures. De la base seule d'une colonne grecque ou romaine, on peut, si l'architecte a été fidèle aux lois antiques de son art, conclure la colonne tout entière, puisque la base suffit pour en faire connaître l'ordre, toscan ou dorique, ionique ou corinthien, & que, l'ordre étant donné, non-seulement la forme du chapiteau & celle de l'entablement, mais les dimensions de leurs moulures par rapport à celles de la base, & même la longueur du fût par rapport au diamètre de sa partie inférieure sont rigoureusement déterminées. Les entre-colonnements eux-mêmes sont ordinairement assujettis à une régularité complète. Le présent volume contient les dessins de trois temples de Pompéi : celui du Forum (souvent appelé temple de Jupiter), placé entre les deux entrées de cette place; celui de la Fortune, dans la rue à laquelle les modernes ont donné ce nom, au coin de celle du Forum; celui d'Isis, contigu au grand théâtre.

II. *Temple du Forum.* — Le premier de ces temples, indifféremment appelé par M. Gau[1] temple de Jupiter ou Curie, peut effectivement avoir servi à la fois & à la célébration du culte & aux réunions du Sénat de Pompéi, de même que le Sénat de Rome s'assemblait dans un lieu consacré. L'attribution qu'on en a faite à Jupiter provient, non d'inscriptions qu'on y aurait lues, mais d'une tête colossale de ce dieu qu'on a trouvée dans la *cella* ou sanctuaire de ce temple : une tête d'Esculape a aussi été trouvée dans le même édifice. Il est construit en pierres & en morceaux de lave & revêtu de stuc[2]. On y arrivait par un double escalier de dix marches, conduisant à une large plate-forme (stylobate, *pulpitum*), d'où l'on passait par trois autres marches, qui en embrassaient toute la largeur, à un *pronaos* d'environ 15 mètres sur 12, séparé du Naos par un mur laissant une large ouverture pour les faire communiquer entre eux. Le Naos avait 18^{m}50 de long, soit un peu plus de 30 mètres

1. Gau, *les Ruines de Pompéi*, t. III, p. 48.
2. Breton, *Pompéi*, p. 47.

pour la longueur totale du temple qui n'avait pas d'opisthodome. Nous verrons bientôt ce qui en tenait lieu.

Aux angles antérieurs de l'édifice, en dehors des deux petits escaliers, des piédestaux, conservés encore, supportaient sans doute des statues. Le pronaos était orné de colonnes corinthiennes, dont il ne reste plus que les bases, six de face & quatre de côté, c'est-à-dire douze en tout, celles des angles appartenant à la fois à l'une & à l'autre file; les entre-colonnements étaient égaux[1]. La cella avait, de chaque côté, à 1^{m}50 du mur latéral, huit colonnes & deux pilastres ioniques, ces derniers adossés aux murs antérieur & postérieur & continuant la ligne des colonnes. La largeur intérieure de la cella, comme celle du pronaos, ne dépasse guère 12 mètres. « Le sol, dit M. Breton[2], présente les restes d'un encadrement de mosaïque blanche & noire, qui entourait un pavé de marbre. Les murs étaient couverts de peintures aux couleurs éclatantes, mais sans sujets. » M. Breton pense que les trois chambres voûtées, placées au fond du sanctuaire, servaient à renfermer le trésor de la cité & celui du temple. M. Gau avait émis l'idée très-vraisemblable que c'était ou le dépôt des archives ou celui du trésor : peut-être faut-il admettre que cette retraite réunissait ces deux destinations, & la séparation en plusieurs salles autorise encore mieux cette supposition.

On a reconnu avec certitude qu'un second rang de colonnes s'élevait au-dessus du premier dans la cella; il formait une galerie à laquelle conduisait un escalier placé au fond du temple, entre le mur de la cella elle-même & celui auquel s'adossaient les trois chambres voûtées[3]. D'après les règles énoncées par Vitruve, cette disposition de deux rangs de colonnes superposées semble devoir faire rentrer le temple du forum dans la catégorie de ceux qu'on

---

1. Breton, *Pompéi*, p. 48-49.
2. *Ibid.*, p. 49.
3. *Ibid.*, p. 50.

appelait hypèthres, c'est-à-dire exposés à l'air, mais seulement au milieu, c'est-à-dire dans l'espace compris entre les deux rangs de colonnes intérieures. Cependant M. Gau fait observer à ce sujet que ce temple ne remplit pas deux autres conditions formulées par l'architecte romain. Il n'est ni décastyle (à 10 colonnes de façade) ni diptère; mais la première de ces deux conditions est bien accessoire, & Vitruve lui-même donne comme exemple de temple hypèthre le temple octastyle de Jupiter Olympien, à Athènes. Quant à la dernière condition, elle pouvait être une prescription du genre, mais non une loi universellement observée. Ajoutons pourtant que Vitruve réclame pour les temples hypèthres une porte ouverte au fond de l'édifice, ce qui ne se trouve point ici. Quant aux antes, placées en avant de la cella, elles n'avaient point de colonnes intermédiaires : il est vrai que ce temple n'atteignait pas une largeur de vingt pas. Il était hexastyle.

La planche 4 du présent volume représente les ruines de ce temple. Pour y pénétrer, on traversait un petit vestibule, puis une *area* (sorte de place) découverte, non environnée de portiques, mais séparée du forum & des entrées adjacentes par un *péribole* (enceinte) qui comprenait tout l'espace consacré. Au fond de l'area, sur un *stylobate* (plate-forme) flanqué de deux escaliers, s'élevait la *cella*, revêtue, ainsi que les escaliers & le stylobate lui-même, de marbre, dont on aperçoit encore des restes[1]. C'est de l'angle gauche de l'area, au sortir du vestibule, qu'est pris le point de vue de notre planche. Le spectateur aperçoit les murs du péribole, assez bien conservés; &, devant lui, un peu à droite, sur le stylobate, dont on reconnaît aisément que la hauteur est médiocre, sont les murs de la *cella*, au fond de laquelle on aperçoit le piédestal de la statue vénérée dans ce temple. En avant, mais, suivant la coutume antique, dans l'area & non dans le temple pro-

[1]. Bechi, *Mus. Borb.*, I, 27.

prement dit, se trouve l'autel, décoré sur ses faces latérales de bas-reliefs représentant divers instruments de sacrifice (cassolettes, patères pour les libations, bandelettes, couteaux sacrés); la face antérieure représente le sacrifice lui-même, assez distinct même dans la gravure. On reconnaît aussi, appuyé contre le stylobate, un *præfericulum*, ou vase à col étroit, servant à verser dans la patère le vin des libations. Le temple du forum est construit en pierres & en briques. Contrairement à l'usage de Pompéi, il n'est point revêtu de stuc, & il y a lieu de croire, avec Bechi, qu'il n'était pas complétement achevé quand l'éruption du Vésuve l'ensevelit avec la ville.

III. *Temple de la Fortune*. — Le temple de la *Fortune Auguste* (c'est-à-dire, de la fortune de l'empereur) fut, comme nous l'apprend une inscription de l'architrave du sanctuaire, bâti par un certain Tullius, duumvir pour la justice. Il est aujourd'hui presque entièrement ruiné. Un autel s'élève sur le premier *pulpitum* ou *stylobate*, auquel conduisent quelques degrés disposés comme au temple du forum (pl. 5, n° 2)[1]. Le *pronaos* (n° 3) était orné de quatre colonnes de face en marbre blanc, avec des entre-colonnements égaux. Quatre niches sont indiquées sur le plan de la cella (n° 4), dont les murs étaient revêtus de marbre à l'intérieur. On a retrouvé deux des statues qu'elles contenaient : celle d'un magistrat & celle d'une matrone ; la première était peinte, suivant un usage bizarre, mais assez répandu chez les anciens. Au fond du temple, dans une autre niche, ou plutôt dans une sorte d'abside (n° 5), on remarque, entre deux colonnes & deux pilastres corinthiens, un piédestal qui supportait assurément une statue de la Fortune. La cella n'a que $10^m 85$ sur $7^m 10$. La planche 6 nous montre l'état actuel de ces ruines. Le choix du point de vue permet d'apercevoir en partie les murs

---

1. Cf. Breton, *Pompeia*, p. 66-7, & Barré (second continuateur de Mazois), *les Ruines de Pompéi*, t. IV, p. 45-8, pl. XIV-XVI.

de la cella, tant au dedans qu'au dehors. On voit que l'autel (encore ici extérieur au temple) s'élève à peu près à la hauteur du second stylobate, celui du pronaos & de la cella, où gisent plusieurs chapiteaux du pronaos[1]; l'escalier est conservé seulement dans la partie gauche. La planche 5 contient aussi le plan des bâtiments les plus voisins, qui se trouvent à droite en entrant dans le temple.

IV. *Temple d'Isis.* — Le temple d'Isis, découvert & déblayé de 1760 à 1776, n'a pas non plus une attribution douteuse. Une inscription latine nous l'a donnée & nous apprend que, renversé par un tremblement de terre, cet édifice fut relevé par Popidius Celsinus[2]. Il est construit en briques revêtues de stuc; ses dimensions sont à très-peu près celles du temple du forum, puisqu'il a 30 mètres de long sur 18^m05 de large; mais il est moins régulier. « Cette découverte, dit M. Barré[3], offrait un intérêt d'autant plus vif que l'on n'avait encore en Europe aucun modèle bien conservé de temple à péribole. Depuis cette époque, la ville de Pompéi en a fourni un autre exemple dans celui de Vénus. » Le péribole ou enceinte extérieure du temple d'Isis s'ouvrait par l'un de ses angles. Il était orné d'un portique d'ordre dorique, ayant huit colonnes dans le sens de la longueur, quatre colonnes & deux pilastres à la façade. Quatre autels sont irrégulièrement placés en divers lieux de l'area (v. pl. 7); on en reconnaît ici trois.

Un escalier unique, de sept ou huit degrés, conduit au pronaos qui est tétrastyle, mais qui laisse, entre les deux colonnes centrales, toute la largeur de l'escalier. Le naos a peu de profondeur; la partie la plus éloignée du pronaos est élevée au-dessus du reste de 1^m75; au-dessous était un réduit voûté, où l'on

---

1. Bechi, *Mus. Borb.*, IV, 10.
2. Breton, *Pompeia*, p. 41.
3. *Les Ruines de Pompéi*, t. IV, p. 24 (1838)

pénétrait par deux portes & qui servait apparemment à renfermer les objets nécessaires pour célébrer le culte d'Isis[1]. La statue de la déesse, trouvée dans le sanctuaire, a été transportée au musée de Naples; on en a déposé, dans le temple de Mercure, une copie en plâtre. Cette statue, d'environ deux tiers de mètre, était peinte Elle est vêtue d'une draperie & couronnée d'une guirlande de fleurs; Isis tient dans ses mains le sistre (instrument de musique égyptien) & la croix ansée, symbole égyptien de la vie.

Deux niches extérieures à la cella (v. pl. 7) contenaient sans doute les images de divinités communément adorées avec Isis, ses *parèdres*, comme on dit quelquefois; ce devaient être celles d'Osiris, époux de la déesse, & d'Horus, son fils. Au fond de la cella, on a retrouvé la tête brisée d'une statue peinte de Bacchus, divinité qui fut souvent identifiée avec Osiris.

Aux deux côtés de l'escalier, sur le sol de l'area, on aperçoit deux socles sur lesquels étaient appliqués des bas-reliefs représentant des figures égyptiennes. L'un deux est bien conservé : il est connu sous le nom de *Table Isiaque* & se voit au musée de Naples. Ce bas-relief porte une longue inscription en caractères hiéroglyphiques, exprimant une invocation à Osiris & Isis. Un autel & un puits carré (moderne) se correspondent en avant des deux socles[2]. Une édicule ornée de divers bas-reliefs en structure occupe un angle de l'area : on la reconnaît facilement à gauche de notre vue du temple, près de l'autel dont je viens de parler : les colonnes, maintenant isolées, appartenaient au péristyle.

Sur le mur du péribole, mais en dedans & faisant face à l'escalier du temple, on avait peint, dans une niche, une figure d'Harpocrate, c'est-à-dire d'Horus enfant, considéré par les Grecs & les Romains comme le dieu du silence. Le côté sud-est de cette enceinte, fort irrégulière à cause de la position & de la forme

---

1. Breton, *Pompeia*, p. 42.
2. *Ibid.*, p. 44.

du grand théâtre qui empiète sur l'area, laisse place à plusieurs chambres, dans l'une desquelles on a trouvé les débris d'un repas [1]. A l'ouest, une grande salle, communiquant avec l'area, est décorée de plusieurs peintures représentant Isis, le dieu égyptien Anubis, des prêtres tenant des palmes & des épis, des serpents, des ibis, des hippopotames, des fleurs de lotus, tous attributs de l'Égypte; mais il faut avouer que les caractères de l'art égyptien se retrouvent peu dans les figures de notre planche 8, représentant des fragments de décoration empruntés à cet édifice. — Outre ces temples, on en a trouvé plusieurs autres à Pompéi. Du reste, il ne faut pas s'étonner de rencontrer dans l'Italie impériale un monument du culte de la déesse égyptienne Isis : il était au contraire fort répandu dans le monde gréco-romain, & l'on finit par y confondre cette divinité avec la nature tout entière.

1. Breton, *Pompeia*, p. 45.

CHAPITRE III.

TOMBEAUX.

Un assez grand nombre de monuments funéraires ont été retrouvés en dehors d'une porte de Pompéi ; l'usage de les élever aux abords des villes, le long des voies les plus fréquentées, était d'ailleurs répandu dans l'antiquité. Ces tombeaux, environnés d'un respect religieux & qui consacraient pour toujours le lieu où ils se trouvaient, étaient construits avec grand soin & à grands frais, quelquefois en marbre. On y voyait souvent les images des défunts, ou bien encore des bas-reliefs représentant des combats de gladiateurs, célébrés à leurs funérailles. Quant aux pauvres & aux esclaves, ils étaient jetés dans une fosse commune[1]. Cependant, Mazois[2] signale un tombeau de Pompéi que ses dimensions exiguës montrent avoir appartenu à une famille peu aisée, mais qui lui appartenait en propre.

Les tombeaux vus en perspective sur la planche 9 commencent à un édifice destiné à des repas funèbres & s'étendent jusqu'à la porte de Pompéi. L'intérieur de ce *triclinium* est représenté sur la planche 10[3]. Il consiste dans une enceinte découverte dont l'intérieur est orné de figures représentant des plantes & des animaux réels ou fantastiques, peints sur le stuc blanc dont on

---

1. V. Bechi, *Mus. Borb.*, t. I, pl. xxv de la 1re édition.
2. Mazois, *les Ruines de Pompéi*, t. I, p. 38.
3. *Ibid.*, p. 40-1. — Bechi, *Mus. Borb.*, I, xiii.

avait enduit les murs. A gauche du spectateur est l'entrée, donnant sur la voie des tombeaux; à droite, un large banc maçonné s'étend le long de la muraille & occupe trois côtés d'une table basse, également en pierre ou en briques; il y avait place pour une dizaine de lits. Le piédestal qu'on voit en face de la table, sur le côté laissé libre, vers le centre de l'appartement, pouvait, dit Mazois, servir à placer l'image de la personne en l'honneur de laquelle la réunion & le repas étaient célébrés. Il ajoute que la salle, ne contenant point d'inscription, paraît avoir été destinée aux anniversaires des divers défunts ensevelis en ce lieu, & non avoir été la propriété exclusive d'une famille. Le raisonnement est juste, mais le fait sur lequel il s'appuie est réfuté par la mention que fait Bechi[1] d'une inscription sculptée sur le faîte de la façade & où l'affranchi Calliste dit avoir élevé ce monument à Cn. Vibius, de la tribu Falerina. Par-dessus le mur du triclinium on aperçoit la partie supérieure du tombeau le plus voisin, celui de Navoleia Tyché.

Celui-ci n'était pas destiné uniquement à cette femme. L'inscription nous apprend qu'elle l'avait fait construire & pour elle-même, pour l'augustal C. Munatius Faustus & pour leurs affranchis à tous deux. « Il se compose, dit Mazois, d'une enceinte fermée par un mur assez élevé & d'une chambre sépulcrale de petite dimension, autour de laquelle on a pratiqué plusieurs niches, ainsi qu'une espèce de soubassement continu, destiné à recevoir des urnes cinéraires. La voûte de cette chambre supporte à l'extérieur un cippe de marbre élevé sur deux gradins. » C'est sur le cippe, visible dans nos deux planches, qu'est gravée l'inscription. Trois des faces portent des bas-reliefs : celui qui regarde le triclinium représente une barque arrivant au port avec des matelots occupés à carguer les voiles; soit que l'un des défunts en eût été patron & armateur,

---

1. Bechi, *Mus. Borb.*, I, XIII.

soit, comme le pense Bechi[1], que ce navire fût un symbole, d'ailleurs connu, du passage à l'autre vie. Ce qui semblera peut-être favoriser ici la première de ces deux interprétations, c'est que le côté opposé contient la figure de *bisellium* ou siége d'honneur décerné par les décurions à Munatius, comme nous l'apprend l'inscription de Navoleia[2].

Viennent ensuite le monument de Nistacidius, consistant en une enceinte à hauteur d'appui, dans laquelle sont trois petits cippes ; puis celui de C. Cabritius Quietus, augustal, aussi honoré du bisellium, & un autre encore, où sont représentées des figures tenant les bandelettes mystiques. Une représentation plus touchante pour nous est celle d'un squelette d'enfant trouvé par sa mère, peut-être à la suite du tremblement de terre qui précéda de peu de temps la dernière catastrophe de Pompéi[3].

Le tombeau de Scaurus, *duumvir iuri dicundo*, s'élève auprès de ce petit monument. Un cippe posé sur des gradins surmonte la chambre sépulcrale. « La voûte de cette dernière & le cippe, dit Mazois[4], sont soutenus par un massif, percé à jour par quatre petites arcades, dont trois étaient closes avec des *vitres* & la quatrième avec un voile épais... Quatorze niches, percées au pourtour du caveau, étaient destinées à recevoir autant d'urnes cinéraires. » Sur la paroi extérieure de cette chambre sépulcrale sont représentés, en bas-relief, un combat & une chasse que Mazois pense être tous deux des fêtes données dans l'arène. Pour celui des gladiateurs, du moins, la chose n'est pas douteuse. « Les noms des combattants, le nombre de leurs victoires, leur condamnation même, se voient écrits au-dessus des personnages, ainsi que le nom de celui auquel appartenait la troupe de gladiateurs qui paraît dans ces jeux[5]. »

---

1. *Mus. Borb.*, t. I, tav. XIII.
2. Mazois, *les Ruines de Pompéi*, t. I, p. 41.
3. *Ibid.*, p. 42 à 45, pl. XXIII-XXIX.
4. *Ibid.*, p. 46, pl. XXX.
5. *Ibid*, p. 48.

Ce tombeau est le dernier dont les détails soient distincts dans notre gravure ; du côté opposé, c'est-à-dire à gauche en se dirigeant vers la ville, on trouve, parmi les premiers, celui d'Arrius Diomède, *magister paganus augustalis;* puis celui qu'un affranchi du nom de Menomachus avait élevé à L. Ceius, de la tribu Menenia, & à L. Labéon, deux fois duumvir quinquennal pour la justice. « On reconnaît aisément que la face principale était ornée de deux portraits... La face latérale, du côté de la ville, offrait deux bas-reliefs [1]. » Viennent ensuite, après le sépulcre dont j'ai parlé un peu plus haut, ceux des deux Alleius Libella, le père édile, duumvir, préfet quinquennal, & le fils décurion de la cité, mort à l'âge de dix-sept ans, monument élevé par leur mère Alleia Decimilla, prêtresse de Cérès [2]. Ce tombeau est un bloc massif; à côté de lui il s'en trouve un autre à chambre sépulcrale, dont la porte, en marbre, tournait sur deux pivots. Comme on le voit, & comme l'avait fait observer Bechi, les monuments érigés sur cette voie sont en général ceux de fonctionnaires de la cité. Devenue colonie de Rome, Pompéi avait un corps municipal modelé, plus ou moins fidèlement, sur l'administration de la capitale.

1. Mazois, *les Ruines de Pompéi*, p. 38.
2. *Ibid.*, p. 39.

LIVRE TROISIÈME.

ÉDIFICES PUBLICS.

CHAPITRE PREMIER.

THÉATRES.

I. *Notions générales sur les théâtres anciens.* — Chez les Grecs & chez les Romains, qui leur empruntèrent les représentations scéniques, les théâtres étaient presque tous découverts. C'était le soleil qui les éclairait, & ils étaient construits pour contenir une multitude énorme de spectateurs. Les tragédies jouées à Athènes, véritable berceau de l'art dramatique, étaient considérées, au moins dans les premiers siècles, comme une partie intégrante du culte de Bacchus, & en conséquence elles furent, dès l'origine, destinées au peuple entier & non pas seulement aux classes plus spécialement lettrées; d'ailleurs en Grèce, où la langue, l'histoire & les traditions nationales étaient (sauf la philosophie), l'objet à peu près exclusif de la culture intellectuelle, les différences produites par l'éducation étaient beaucoup moindres que chez nous. A Rome, il est vrai, la démocratie était beaucoup moins lettrée qu'elle ne le fut chez les Athéniens; mais les représentations théâtrales furent, pour les candidats aux fonctions politiques, un moyen de capter les suffrages & destinées en conséquence à la foule autant & plus qu'aux sénateurs & aux chevaliers, auxquels pourtant la loi Roscia (685 de Rome) réserva les quatorze gradins les plus rapprochés de la scène. Déjà depuis plus d'un demi-siècle le sénat avait au théâtre une place distincte[1], savoir : *l'orchestre,* ou terrain au niveau du sol, entre les gradins & la scène; chez les Grecs, au contraire, où les chœurs étaient considérés comme partie essentielle de la pièce, l'orchestre était destiné à ses évolutions cadencées, d'où il a tiré son nom (ὀρχεῖσθαι, danser). On appelait *pulpitum* (en grec λογεῖον) du théâtre le mur qui soutenait la scène & la séparait de l'orchestre[2]. Vitruve (*ubi supra*) fait observer que, dans les théâtres romains, où les sénateurs sont à l'orchestre, le pulpitum ne doit pas avoir plus de 5 pieds à partir du sol, pour qu'ils ne perdent rien du jeu des acteurs, tandis que chez les Grecs, le λογεῖον doit aller jusqu'à 10 ou 12 pieds. « Le sol de la scène était de bois, comme les théâtres de Pompéi & d'Herculanum l'ont prouvé, dit Mazois[3]. Il y avait en dessous un espace ménagé pour le jeu des machines & celui de la toile (*aulœum*)... Derrière le mur du pulpitum était un contre-mur, & c'est dans l'espace vide qu'ils laissaient entre eux que la toile *descendait* durant les représentations. » Outre les décorations sur châssis formant des prismes triangulaires & tournant au moyen d'un cabestan, « le fond de la scène offrait une décoration réelle en marbre... Ce fond était percé de trois portes... Quand un acteur arrivait par les portes latérales de la scène, il était censé venir du forum ou de la campagne; la porte du milieu était réservée au héros de la pièce, lorsqu'il ne venait pas d'un pays éloigné[4]. »

La scène (σκηνή, *scena*) était rectangulaire & se composait de

1. Breton, *Pompeia*, p. 164. — V. Vitruve, *de Architectura*, V, vi & viii.
2. Mazois, *Considérations* (*posthumes*) *sur la forme et la distribution du théâtre antique*, t. IV, p. 51 des *Ruines de Pompéi*. V. *infra*.
3. *Ibid.* Il put y avoir des exceptions, surtout à Rome.
4. *Ibid.*, p. 52-3. La porte du milieu s'appelait royale; il y en avait deux autres à droite & à gauche de la scène. (V. Breton, *Pompeia*, p. 170.)

trois parties, le *proscenium*, bordé par le pulpitum, soit en pierre, soit en bois; la scène proprement dite, d'une largeur double de l'orchestre, & le postscenium (παρασκηνία) ménagé derrière la scène pour revêtir les costumes & préparer les accessoires de la représentation[1].

Les gradins placés en face de la scène affectaient toujours une forme demi-circulaire ou à peu près, s'élargissant à mesure qu'ils s'éloignaient du sol. Leur ensemble s'appelait *cavea* (chez les Grecs κοῖλον). « Ordinairement, les gradins étaient séparés en plusieurs ordres ou étages par des galeries également semi-circulaires nommées διαζώματα, *baltei* ou *præcinctiones*. Selon l'étendue des théâtres, ils avaient une, deux ou trois præcinctiones, qui formaient des divisions portant les noms de *ima, media* & *summa cavea*[2]. » — « Le dernier rang de gradins était lui-même ordinairement surmonté & entouré d'un portique qui servait de refuge au peuple en cas de pluie[3]. » Souvent aussi, contre la pluie ou plutôt contre l'ardeur du soleil, on tendait au-dessus des spectateurs un *velarium* (παραπέτασμα); dans les murs d'un assez grand nombre de théâtres anciens on reconnaît encore le lieu auquel s'adaptaient les poutres qui servaient à tendre ces voiles[4].

Les étages des gradins étaient eux-mêmes divisés par des escaliers, rayonnant autour du centre, en groupes, que leur forme avait fait appeler κερκίδες (navettes), *cunei* (coins); il paraît, d'après certains passages de Vitruve, qu'en s'élevant d'une *cavea* à la *cavea* supérieure, le nombre des escaliers doublait souvent, chaque *cuneus* étant divisé en deux parties égales par un nouvel escalier[5]; cependant M. Breton dit, en thèse générale, que « les escaliers étaient

---

1. Breton, *Pompeia*, p. 170-1.
2. *Ibid.*, p. 163.
3. *Ibid.*, p. 164.
4. *Ibid.*, p. 167.
5. Vitruve, *de Architectura*, l. V, chap. vi & viii.

ordinairement au nombre de sept, dans les grands théâtres. » Les *vomitoires* ou galeries d'entrée débouchaient dans l'orchestre, pour certains théâtres adossés à des hauteurs, tels que celui de Telmissus, en Asie Mineure; pour d'autres (Syracuse, Catane, &c.), c'était de la hauteur elle-même qu'on arrivait aux gradins par la partie supérieure; ou bien encore on employait les deux moyens à la fois (Ségeste, Orange). « Quant aux théâtres entièrement isolés, on y entrait, comme dans les amphithéâtres, par des escaliers, qui, ménagés dans l'intérieur de la construction qui soutenait les gradins, venaient aboutir aux divers étages de la précinction [1].

Vitruve demande enfin [2] que l'on construise derrière la scène des portiques où le peuple puisse se réfugier en cas de pluie subite, & où, pour les théâtres grecs, le chœur ait de l'espace pour préparer son entrée; circonstance qui semble indiquer que, dans l'esprit de l'auteur, ce portique pouvait se confondre avec le postscenium.

II. *Théâtre d'Herculanum.* — La planche 11 nous offre un plan du théâtre d'Herculanum construit par le duumvir quinquennal Mammius, comme nous l'apprend une inscription [3] & dont la planche 1ʳᵉ nous indiquait la position; le sol de l'orchestre se trouve à 26ᵐ60 au-dessous du sol de Résina. Ce théâtre contient dix-neuf rangs de gradins construits en tuf & partagés en six *cunei* par cinq escaliers, outre les deux qui occupent les extrémités de la *cavea*. Les marches de ces escaliers ont, dit Winckelmann, la moitié de la hauteur des gradins eux-mêmes; elles sont, par conséquent, en nombre double, comme on le voit sur le plan. Il n'y a ici de précinction que pour les trois gradins supérieurs [4].

1. Breton, *Pompeia*, p. 168-9.
2. *De Architect.*, l. V, chap. IX.
3. Winckelmann, lettre à M. Füssli.
4. C'est apparemment une erreur de la gravure qui, sur le plan, porte a 19 au lieu de 16 le nombre des gradins au-dessous de la précinction; cependant il faut observer que Vasi (*Itinéraire*, p. 213 de la 4ᵉ édit.) en compte 21 en tout.

Un grand corridor, voûté, pavé & revêtu de marbre blanc circule au sommet des gradins; il recevait le jour par cinq fenêtres & quatre arcades, ouvertes à l'extérieur. Outre l'escalier 1-3 (peut-être moderne) qui se trouve dessiné sur le plan, deux escaliers, déjà connus de Winckelmann, ménagés dans le massif de la construction & placés aux deux extrémités du théâtre, conduisaient à ce portique, d'où l'on descendait aux différents gradins par les escaliers; quatre seulement au lieu de cinq coupaient la ligne des trois gradins supérieurs. Un autre portique, carrelé de marbre blanc, est au bas des gradins, de plain-pied avec le sol; la *platea* centrale est pavée de marbre jaune. La platea correspondait à l'orchestre grec & en portait le nom à Rome; seulement, Winckelmann fait observer que, suivant l'usage romain (v. Vitruve, V, VI), l'orchestre d'Herculanum ne dépasse pas le diamètre du demi-cercle formé par la cavea. Il paraît d'ailleurs que, dans ce municipe comme dans la capitale, cet emplacement était destiné aux magistrats, car on y a trouvé une chaise curule en airain, que l'on a transportée au cabinet de Portici.

Le cercle qui embrasse une partie de l'escalier central & d'un cuneus voisin indique la position du puits qui a conduit à la découverte de ce théâtre &, par suite, d'Herculanum; 1-2 est sans doute une galerie exécutée pour les fouilles. Un autre puits pénètre derrière la scène, ornée de douze colonnes ou pilastres (10; 7 est le proscenium). Cette scène a près de 24 mètres de large. Aux deux extrémités de l'hémicycle, des *vomitoires* débouchent dans l'orchestre. Un portique *d*, formé de colonnes doriques en maçonnerie, enduites de ciment & de stuc, & destiné, suivant l'usage mentionné plus haut, à mettre les spectateurs à l'abri d'une pluie subite, enveloppe de trois côtés la scène entière, y compris le postscenium, dont une partie est représentée, planche 12. On communiquait de l'une à l'autre par trois portes faciles à reconnaître sur le plan; celle du milieu, *aula regia* étant, selon l'usage, dans un enfoncement circulaire. Le portique extérieur était recouvert en bois; on y a trouvé des morceaux de poutres brûlées. Les appartements que l'on voit à droite & à gauche, & qui communiquent avec la scène, sont sans doute les *versuræ*, d'où les machines pouvaient passer sur la scène ; au théâtre d'Herculanum, les machines tournaient, dit Winckelmann, « sur un pivot cylindrique de bronze, lequel jouait dans une plaque du même métal soudée en plomb, de la même manière que cela se pratiquait aux portes des anciens. » On a trouvé un de ces pivots ayant 4 pouces romains de diamètre & « le bois brûlé de la barre du milieu de la machine[1]. »

III. *Théâtres de Pompéi.* — On connaît depuis longtemps, à Pompéi, deux théâtres[2], voisins l'un de l'autre. L'un d'eux, plus vaste & correspondant, par son caractère architectural, aux théâtres anciens ordinaires, est représenté sur notre planche 13 ; le second (pl. 14) était couvert & destiné peut-être, comme l'Odéon d'Athènes, dont l'auteur de *Pompeia* lui donne le nom, à des représentations musicales, bien que Bechi fasse observer[3] qu'il y eut, au temps de l'empire, des théâtres couverts destinés aux représentations dramatiques.

« Le grand théâtre était, suivant un usage assez fréquent dans l'antiquité, adossé à une hauteur qui, en économisant les frais de substructions, a permis de placer l'entrée principale à la hauteur de la seconde précinction... Deux autres entrées, avec des corridors voûtés, se trouvaient aux deux côtés de la scène & donnaient accès aux gradins inférieurs. Chacun des corridors ou *vomitoires* avait un embranchement également voûté qui, passant sous les gradins, conduisait par six degrés à la hauteur de la première précinction... Enfin, un escalier, placé en dehors des gradins, permettait d'arriver à la *summa cavea*[4]. »

---

1. V. Winckelmann, lettre au comte de Bruhl, p. 35-4 de la traduction française ; ettre à M. Füssli ; Breton, *Pompeia*, p. 362-5.
2. V. Breton, *Pompeia*, p. 171-4, 177.
3. *Mus. Borb.*, t. I ; Vasi, *Itinéraire de Rome à Naples*, p. 265.
4. Breton, *Pompeia*, p. 177. L'auteur a dit un peu plus haut (p. 168) : « On reconnaît à

Ici la cavea n'est pas précisément en demi-cercle, comme le demande Vitruve pour les théâtres romains ; elle est en fer à cheval[1], donnant ainsi plus de développement à l'orchestre, peut-être parce qu'on y devait représenter aussi des pièces grecques, bien qu'il ait été élevé au temps des Romains, comme le montre une inscription latine, gravée sur une plaque de marbre & remise aujourd'hui en place[2]. L'appareil en a été restitué, suivant l'ancien modèle, *en opus reticulatum ;* mais ce théâtre était revêtu de marbre, comme le témoignent divers vestiges, peu nombreux, il est vrai, parce que les habitants échappés au désastre ont retiré des décombres, autant qu'il leur fut possible, cette matière précieuse; on a cependant constaté que les degrés de la cavea, comme le pavé de l'orchestre & le revêtement de la scène, en étaient formés[3]. La planche 13[4] nous représente ce théâtre, vu de l'une des entrées qui conduisaient à l'orchestre. En face du spectateur, se voit l'entrée opposée; à gauche, le pulpitum & la scène, où l'on reconnaît aisément la décoration permanente avec trois de ses portes; à droite, la cavea, où l'on distingue l'un des escaliers, surmonté de la porte d'un vomitoire. Dans la partie qui avoisine l'orchestre sont des degrés au nombre de six (cinq selon Breton), qui, plus rapprochés de la scène, devaient être réservés aux magistrats ou aux personnages notables. Dans le fond, presque au-dessus de l'entrée de l'orchestre, est un petit pilier, où des pierres en saillie servaient à tenir une des poutres qui soutenaient le *velarium*.

Quant au *théâtre couvert*, une inscription latine nous fait connaître les noms des duumvirs (consuls municipaux) qui, par ordre des décurions, c'est-à-dire du sénat de Pompéi, ont adjugé la

---

des marques très-visibles que, dans le grand théâtre de Pompéi, la place réservée à chaque spectateur était large de 0^m,35. »

1. Breton, *Pompeia*, p. 178.
2. Vasi, *Itinéraire*, p. 260.
3. Bechi, *Mus. Borb.*, t. I, tav. XXXIX.
4. V. *ibid.* Cf. Vasi, p. 267.

construction de cet édifice & en ont agréé le travail. L'*ima cavea* contient seulement quatre gradins; un petit mur sert de dossier au plus élevé pour le séparer de la précinction. La seconde cavea forme dix-sept degrés; elle est coupée par six escaliers, correspondant à autant de vomitoires, qui aboutissent à la partie supérieure de chacun d'eux. La construction de l'édifice est en matériaux grossiers, mais l'orchestre en est pavé de marbres précieux [1].

Il y avait aussi à Pompéi un amphithéâtre en pierre, pouvant contenir vingt mille spectateurs [2]. Il contient trois caveæ, dont la plus élevée, à elle seule, n'avait pas moins de dix-huit degrés, & la moyenne, douze; les caveæ communiquaient avec l'extérieur par quarante vomitoires. Le P. Garruci a montré [3] que ce monument a été construit sous le principat d'Auguste ou à peu près, attendu que, jusque-là, les Romains eux-mêmes eurent des amphithéâtres en bois, l'ancienne coutume mentionnée par Vitruve (V, 1) étant de donner les combats de gladiateurs dans le forum même des villes. D'ailleurs une inscription latine qui se rapporte à la construction de l'amphithéâtre *pro Lud (is) ex D(ecreto) D(ecurionum)*, mentionne les *magistri pagi augustales* que Rome connut seulement un quart de siècle après la bataille d'Actium; tandis que d'autre part l'orthographe archaïque de l'inscription ne permet guère de la ramener en deçà du temps même d'Auguste.

1. V. Breton, *Pompeia*, p. 171, 174. — Cf. Vasi, *Itinéraire*, p. 265-6.
2. Breton, *Pompeia*, p. 181; Vasi, *Itinéraire*, p. 239. — On a trouvé sur l'édifice d'Eumachia des annonces de combats de gladiateurs.
3. *Questioni Pompeiane*, § 14.

CHAPITRE II.

ÉCOLE DE GLADIATEURS.

Un autre édifice, presque contigu aux deux théâtres & dont le plan & les détails occupent les planches 15 à 17 de ce volume, a reçu des archéologues ou des curieux des appellations bien différentes. Tantôt on l'a nommé *portique des théâtres,* à cause de sa position & parce qu'il forme à l'intérieur un portique : il semblait surtout dépendre du théâtre couvert pour remplir à son égard, le rôle dont parle Vitruve (v. *supra,* fin du § 1), comme un portique triangulaire le remplissait réellement pour le théâtre tragique [1]. Tantôt on en a fait un marché ; tantôt on l'a nommé *quartier des soldats,* à cause des armes qu'on y a trouvées ; tantôt enfin on y a vu un logement & une école de gladiateurs, *ludus gladiatorius,* destiné à les dresser pour les fêtes de l'amphithéâtre & pour ces cérémonies funèbres que nous avons vues retracées sur un des tombeaux de Pompéi. Cette dernière désignation me paraît devoir être définitivement acceptée. Ce portique ne communique pas tout à fait immédiatement avec le petit théâtre. Quant aux armes trouvées dans cet édifice, on les a reconnues avec assurance pour des armes de gladiateurs, & M. Breton, qui a soutenu encore la désignation de quartier des soldats [2], en convient sans hésiter ; seulement il pense qu'une troupe de gladiateurs, de passage à Pompéi, avait

---

1. Bechi, *Mus. Borb.*, IV, 40.
2. Breton, *Pompeia,* p. 134-5, 137.

été logée à la caserne. Mais cette supposition, peu vraisemblable en elle-même, si l'on considère que les gladiateurs étaient soit des condamnés, soit des prisonniers de guerre ou des esclaves, est rendue bien plus invraisemblable encore par ce fait que des combats de gladiateurs sont le seul objet des inscriptions & des dessins tracés à la pointe sur le stuc des colonnes de ce portique; il serait étrange que les « soldats désœuvrés » dont parle l'auteur se fussent complétement abstenus de représentations militaires.

Si l'on donne à l'édifice le nom d'*École de gladiateurs*, on devra, avec Bechi, très-enclin à cette solution [1], reconnaître dans les appartements désignés sur notre plan par le n° 5, le logement du *lanista* ou chef de cette monstrueuse institution. Les logements 7, qui environnent le portique, étaient ceux des gladiateurs eux-mêmes. B représente le chapiteau ionique du petit vestibule 6 qui débouchait d'une part sur le postscénium du petit théâtre & de l'autre dans la rue; C est le chapiteau dorique des colonnes du portique lui-même. Elles sont au nombre de soixante-quatorze, vingt-deux dans un sens & dix-sept dans l'autre, en y comprenant celles des angles. Ces colonnes, en pierre volcanique de Nocera, étaient recouvertes de stuc, peint, dit Bechi, tantôt en rouge, tantôt en jaune ou en bleu. Des traces de peinture se retrouvent d'ailleurs, suivant une coutume empruntée à la Grèce, sur presque tous les stucs des édifices de Pompéi & d'Herculanum [2]. Breton ajoute ici [3] que la coloration en rouge avait été appliquée à toutes les colonnes de ce portique, sauf les deux du milieu pour les grands côtés (où elles sont en nombre pair) & la colonne centrale pour les deux autres, lesquelles sont colorées en bleu ; peut-être ce qui a paru jaune est-il du rouge à peu près effacé.

Par les escaliers 3 & 4 s'établissaient des communications avec

1. Bechi, *Mus. Borb.*, V, 11 ; — cf. IV, 40.
2. *Ibid.*, IV, 40.
3. Breton, *Pompeia*, p. 136.

un autre portique dit du temple grec & avec les dégagements postérieurs du grand théâtre. Aux n°ˢ 8 & 9, sont d'autres escaliers conduisant à l'étage supérieur, répétition du rez-de-chaussée, & dont les chambres ne communiquaient entre elles que par un balcon en bois continu. Dans une salle à droite, on a trouvé dix-huit ceps en fer.

La planche 16 nous représente une vue prise dans le portique, entre la maison du lanista & la colonnade la plus voisine. La grille que l'on aperçoit à droite sert de communication avec un portique adossé à la scène de l'odéon & qui en dépendait sans doute. On reconnaît, en avant de la grille, les colonnes ioniques dont nous avons vu le chapiteau & le plan. Au fond, deux degrés conduisent à un petit portique servant comme de vestibule à ce théâtre, &, entre ces deux ouvertures, une petite porte cintrée donne sur un portique couvert, qui longe l'odéon & conduit à l'orchestre du grand théâtre [1]. La petite colonne ionique dont nous venons de parler se reconnaît également à gauche de la planche 17, & nous indique le point de vue où le spectateur est placé pour considérer le portique ; il tourne le dos au postscénium de l'odéon. La fontaine qu'on aperçoit là est moderne.

1. Bechi, *Mus. Borb.*, IV, 40.

CHAPITRE III.

PROPYLÉES, BASILIQUES, CURIES.

On a donné le nom de *propylées des portiques des théâtres* à un monument dont les ruines se trouvent représentées sur la planche 18, en face du spectateur. Il se trouve dans un carrefour que l'on rencontre en venant du forum par la rue qui longe l'édifice d'Eumachia. Ce propylée n'est autre chose qu'un portique *in antis*, formé de six colonnes ioniques, dont le caractère, dit Bechi, est intermédiaire entre le style grec & le style romain, comme il arrive en général pour les monuments de Pompéi & d'Herculanum. Sur la gauche, on voit l'extrémité du théâtre de marbre & dans le fond les Apennins. La pierre que l'on aperçoit à droite sur le pavé de la rue, à une petite distance du trottoir, est un de ces marchepieds dont le nombre dépendait de la largeur de la rue, & qui servaient, à Pompéi, à faire passer les piétons d'un côté à l'autre après les grandes pluies, laissant entre chaque pierre assez d'intervalle pour ne gêner ni l'écoulement des eaux ni la circulation des voitures dont les roues trouvaient facilement leur place entre elles [1].

Sur la planche 19 est représenté le plan d'une basilique d'Herculanum, élevée aux frais du proconsul M. Nonius Balbus. Basilique, dans le sens ancien du mot, signifie à la fois un tribunal & une bourse du commerce. Ces monuments étaient ordinairement

---

1. Bechi, *Mus. Borb.*, I, 13.

situés sur le forum ; un édifice que l'on trouve à gauche, en entrant dans celui de Pompéi par l'issue principale de cette place, porte en plusieurs endroits, sur l'enduit des murs, le mot *Basilica* tracé à la pointe[1]. Selon Vitruve (V, 1), traduit par M. Breton[2], « les basi-
« liques, édifices adjoints au forum, doivent être situées dans l'en-
« droit le plus chaud, afin que ceux qui viennent y trafiquer
« pendant l'hiver n'y ressentent pas autant la rigueur de la saison.
« Leur largeur doit être au moins de la troisième partie de leur
« longueur & de la moitié au plus. S'il y a trop d'espace, on fera
« des chalcidiques aux extrémités... Les colonnes de l'étage
« supérieur doivent être plus petites que celles d'en bas ; ce second
« ordre sera posé sur un piédestal continu qui forme un appui,
« *pluteus,* ou balustrade assez élevée pour empêcher ceux qui sont
« dans les galeries hautes d'être vus par les marchands qui occu-
« pent la partie inférieure. »

La basilique d'Herculanum[3] est bordée de chaque côté à l'intérieur par un double rang de colonnes *f c,* comprenant entre elles l'area. Au fond est le tribunal *d e,* formant un piédestal continu. Deux absides, contiguës au tribunal & formant les perspectives des deux colonnades, sont ornées de grandes peintures représentant, l'une Hercule & Télèphe, l'autre Thésée vainqueur du Minotaure. Un *chalcidique, b,* occupe la partie antérieure de l'édifice ; c'est une sorte de vestibule, comme celui qui porte le même nom, d'après l'inscription d'Eumachia, & termine, du côté du forum, l'édifice élevé à Pompéi par cette prêtresse[4].

A la basilique d'Herculanum sont immédiatement opposés deux édifices *i i,* d'inégale grandeur, que M. Breton croit devoir désigner sous le nom de tribunaux ou de curies (lieux d'assemblée

---

1. *Les Ruines de Pompéi,* III, 36 (continuation par M. Gau)
2. *Pompeia,* p. 119.
3. V. Breton, *Pompeia,* p. 347-8.
4. V. Gau, *Ruines,* t. III, p. 42-3. — Garruci, *Quest. Pomp.,* § 10 & 12.

pour le sénat municipal). A Pompéi, M. Gau[1] a signalé, sur le forum, le temple de Jupiter comme ayant pu servir de curie, mais il ajoute qu'on a donné le même nom à un édifice en briques, d'*opus reticulatum,* anciennement revêtu & dallé de marbre, & de construction tout à fait romaine, qui se trouve à gauche du premier ; il a 18 mètres de large sur 20 de profondeur ; un hémicycle le termine au fond, &, à l'intérieur, se trouvent des piédestaux qui apparemment portaient des statues. L'auteur pense que c'était le véritable lieu de réunion des décurions, ou, comme il l'appelle, le *senaculum.* En face du temple sont trois salles isolées où, suivant l'opinion la plus commune & la plus vraisemblable, il faut voir des tribunaux. « Nous reconnaîtrons au fond de chaque salle, dit M. Gau, cet hémicycle formant le tribunal où se plaçaient les juges & leurs assesseurs ; c'est un soubassement plus ou moins étendu, dont il reste encore les massifs... La salle du milieu, plus riche, contient, sur les deux faces, une suite de piédestaux destinés sans doute à supporter des statues. »

1. *Les Ruines de Pompéi,* t. III, p. 48-52.

CHAPITRE IV.

THERMES.

L'usage des bains fut général & constant dans l'antiquité classique, surtout au temps de l'empire romain; au IVe siècle, on compta jusqu'à huit cent cinquante-six établissements de cette nature destinés au public dans la seule ville de Rome ; mais il paraît que, s'ils étaient de dimension médiocre, imparfaitement pourvus peut-être des éléments dont nous allons voir le dessin & l'usage, ils portaient les noms de *balnea* ou *lavatrinæ*, celui de *thermes* (thermæ) étant réservé à ceux d'une grande étendue. Les premiers thermes de Rome furent construits par Agrippa ; au temps de Constantin, il y en avait jusqu'à quinze ; ceux de Titus, de Caracalla, de Dioclétien nous ont laissé des ruines gigantesques [1]. « Là, dit M. Breton, se trouvent réunis, outre les bains publics & leurs parties constitutives, des cabinets pour les bains particuliers, des portiques, des xystes, des palestres,... des exèdres pour les conférences philosophiques,... des bibliothèques, des théâtres,... des arènes,... enfin jusqu'à des palais & des temples. »

Les thermes de Pompéi, dont la planche 20 nous donne le plan, ne satisfont point à un si vaste programme ; ils ne remplissent pas une *insula* tout entière de la ville exhumée. Celle dont ils font partie est bornée par la rue du forum (au bas de la planche), la

---

1. V. Breton, *Pompeïa*, p. 142-3.

rue des Thermes (à droite), la ruelle des Thermes (en haut) & la rue des Augustales (à gauche). Sur les rues du forum & des Augustales, des maisons occupent le terrain, sauf l'entrée 12, qui fait communiquer la première avec l'intérieur des thermes ; cependant les fenêtres qui ouvrent de l'atrium 5, sur les habitations 74, 75 & 76, donnent lieu de croire que celles-ci étaient occupées par le personnel des bains. Deux autres entrées, 17 & 26, donnent sur la rue des Thermes, à droite & à gauche des petits logements 56, 57, 58 & 59 ; mais la porte principale semble avoir été celle du n° 36, donnant sur la cour 33 ; ces deux dernières portes, 26 & 36, sont aujourd'hui murées [1]. Une autre cour, 25, beaucoup plus petite, se trouve près de l'entrée 26 & communique avec l'autre par un escalier 31, & un couloir irrégulier 32. Enfin au n° 3, sur la ruelle des Thermes, un petit perron aboutit à une dernière porte & communique directement avec l'atrium.

La salle 14, à laquelle on arrive soit directement de la porte 17, soit par les corridors 13 & 24, est ce qu'on appelait *spoliatorium* (ἀποδυτήριον), c'est-à-dire celle où les baigneurs ôtaient leurs habits. Des deux côtés se trouvent des siéges en maçonnerie. Cette salle est voûtée, mais la décoration en est simple. Au n° 18 est l'*unctuarium*, où l'on recevait l'huile ou les parfums. Le *frigidarium*, ou appartement des bains froids, c'est la salle circulaire 19, occupée en grande partie par un bassin, *alveus*, ou *baptisterium* (λουτρόν) ; il a 4^m,50 à son ouverture, sur 1^m,17 de profondeur ; il est revêtu de marbre blanc & entouré d'un siége continu ; quatre niches, 20, y sont régulièrement disposées contre le mur. Des bas-reliefs en stuc blanc ornent cette pièce [2]. La salle 38 est le *tepidarium* (salle des bains chauds) dont la voûte est peinte ; le jour y pénétrait par une fenêtre à vitres épaisses. « Le tepidarium était chauffé par des conduits ménagés sous le pavé & aussi par un grand brasier de bronze

---

1. V. Breton, *Pompeia*, p. 153. — Cf. Vasi, *Itinéraire de Rome à Naple*, p. 253.
2. V. Breton, p. 148.

(foculare), qui est encore en place aujourd'hui ; ce meuble a 2^m,12 sur 0^m,77, & est porté sur cinq pieds [1]. » On voit dans le tepidarium des cases à plan incliné, probablement pour des serviettes (*mantilia*) & des peignoirs (*sindones*) [2]. Cette salle communique d'un côté avec le spoliatorium, de l'autre avec le *caldarium* ou *sudatorium* (étuve), 39, mesurant 16^m,25 sur 5^m,35, & pourvu, à une extrémité, d'un *alveus* ou baptisterium. A l'autre bout, au centre de l'hémicycle, est un bassin (*labrum*), 41, avec une eau jaillissante. Une ouverture à la voûte de la niche se fermait & s'ouvrait au moyen d'une soupape, dont on voit encore les attaches, pour régulariser la chaleur [3]. L'étuve était chauffée par un fourneau (hypocauste) dont on voit le détail aux numéros 27-30 & que nous retrouverons tout à l'heure. En dehors des bains proprement dits, mais communiquant avec eux par le couloir 13, est l'atrium 5, ayant à peu près la forme d'un trapèze, où des bancs (*scholæ*), (cf. Vitruve, V, x.), destinés à la conversation, étaient entourés de deux côtés par des colonnes doriques, & d'un troisième par des piliers, qui tous supportaient des arcades. « On ne trouve point, dit M. Breton [4], au centre de l'*atrium* des bains de Pompéi, le grand bassin ou baptisterium qui existait dans la plupart des thermes antiques, & où l'on prenait le bain froid en commun, sous un toit léger qui préservait de l'ardeur du soleil. Le portique de l'atrium était, selon Vitruve, une des parties indispensables des thermes ; c'était là que les baigneurs attendaient leur tour pour entrer aux bains. [5] »

L'établissement thermal séparé (numéros 46-53) peut avoir été, soit un bain pour les femmes, comme on peut l'induire d'un

---

1. Breton, *Pompeia*, p. 150.
2. *Ibid.*, p. 149.
3. *Ibid.*, p. 150-1. — V. aussi, dans le *Museo Borbonico*, l'explication des pl. 49 à 53 du t. II (1re édition).
4. *Pompeia*, p. 145.
5. *Id., ibid.*

passage de Vitruve [1], qui recommande de ménager à leurs bains & à ceux des hommes l'usage d'un fourneau commun, soit, comme incline à le croire M. Breton [2], un établissement plus ancien que celui qui vient d'être décrit, mais reconnu plus tard insuffisant, à cause de son peu d'étendue. La salle 46 a dû servir de spoliatorium & de frigidarium ; la salle 49, de tepidarium, & la salle 53, de caldarium ; le baptisterium s'en reconnaît en 52.

La planche 21 [3] offre une vue de ces ruines. On aperçoit successivement, en allant de droite à gauche, les voûtes ouvertes du spoliatorium, du tepidarium & du caldarium ; leurs dimensions respectives, comparées avec la vue du plan, ne permettent pas de s'y tromper ; à gauche du dessin est l'entrée 25 avec l'escalier 31. Les pilastres comme le mur en sont construits en maçonnerie.

Sur la planche 22, nous voyons une coupe longitudinale du *caldarium* [4]. L'étuve proprement dite, *laconicum,* est cette espèce de niche 4 ; c'est à la partie supérieure 2 (cf. Vitruve, V, x) que se trouve le régulateur dont j'ai parlé ; elle est décorée de figures diverses, spécialement de dauphins & de monstres marins. En 5, on voit une ouverture destinée à éclairer le laconicum ; 6, c'est le labrum, dont la partie supérieure, 7, est en marbre ; 8, c'est un tuyau de plomb par où l'eau jaillissait dans le bassin. En 9, les parois sont vides ; 10 est une ligne de mosaïque ; 11 sont des piliers en maçonnerie ; 13, le bain chaud, & 14, des gradins de marbre.

La planche 23 représente divers aspects de *l'apodyterium* & du *frigidarium*. A en est la coupe dans le sens de la largeur, en regardant vers le frigidarium dont la porte se reconnaît au n° 6, comme, au n° 5, celle du corridor 13 ; en 1, était une fenêtre ; en 3, la place d'une lampe ; en 4, sont des siéges. La décoration du

1. Cf. Vitruve, *de Architectura*, V, x.
2. *Pompeia*, p. 155.
3. V. Bechi, *Mus. Borb.*, IV, 26.
4. *Ibid.*, II, 51.

panneau offre des êtres fantastiques & spécialement des étangs anguipèdes. B est la coupe du même appartement, dans le sens de la longueur. C nous représente une coupe du frigidarium circulaire ; 2 en est la voûte, & deux des quatre niches se reconnaissent en 3 ; 4 est la coupe du bassin de marbre. D est la corniche du spoliatorium, & E, celle du frigidarium. Enfin la planche 24, où nous voyons, entre autres figures, divers génies dont l'un est porté par un hippocampe & un autre par un griffon, représente la voûte du tepidarium.

LIVRE QUATRIÈME.

MAISONS.

CHAPITRE PREMIER.

NOTIONS SUR LES HABITATIONS DES GRECS ET DES ROMAINS.

I. *Maisons grecques*. — La distribution des maisons grecques & romaines différait beaucoup des nôtres, du moins pour les classes riches ou aisées, qui pouvaient les disposer suivant leurs commodités & leurs habitudes, sans se borner à la condition indispensable d'y être à l'abri de l'air, comme y sont réduits les pauvres de tous les pays. Barthélemy a publié, dans une note du xxvᵉ chapitre de son *Voyage d'Anacharsis*, une dissertation d'un M. Mariette sur le plan d'une maison grecque, d'après Vitruve. Cette dissertation, claire & satisfaisante m'a-t-il paru, nous montre, à l'entrée, un long corridor perpendiculaire à la rue, avec des portes & des portiers aux deux extrémités ; ayant, d'un côté, les dépendances & spécialement les remises & les écuries (*equilia*), de l'autre, des appartements d'apparat, rangés autour d'un grand péristyle & destinés seulement aux collections, aux visiteurs & aux festins. A l'extrémité du corridor était un péristyle sur lequel s'ouvrait, de toute sa largeur, le *prostas* ou vestibule, ayant, à droite & à gauche, la chambre à coucher & la salle de réception pour l'appartement des femmes ; à droite & à gauche du portique lui-même se trouvaient la salle à manger ordinaire, les chambres des enfants & des serviteurs, les appartements de service. Mais Barthélemy fait observer que ce déploiement du luxe des habitations commençait à peine à se produire au siècle de Démosthène. Au temps où il place le voyage d'Anacharsis, l'appartement des femmes occupait simplement l'étage supérieur de la maison, qui était surmontée d'une terrasse ; souvent un jardin se trouvait derrière, & sur le devant un petit portique avec un autel. Nous verrons, par l'étude détaillée de quelques maisons de Pompéi & d'Herculanum, qu'elles ressemblaient peu à l'un ou à l'autre de ces modèles ; elles rentrent au contraire assez bien dans le plan des habitations romaines, telles que quelques écrivains de l'antiquité les font connaître ; favorisés par la découverte de Pompéi, les archéologues les ont étudiées de préférence depuis un siècle.

II. *Maisons romaines.* — Disons d'abord qu'à Pompéi comme partout la très-grande majorité des habitations étaient fort petites & fort simples. En général les *insulæ* (îlots) sont bordées de boutiques rectangulaires, ouvrant sur la rue, avec ou sans arrière-boutiques ; quelquefois c'est un agencement un peu plus compliqué d'appartements fort petits, réduits à l'habitation de la famille avec quelques commodités de plus. On s'en assurera par ses propres yeux en parcourant les planches 25 à 35 du présent volume ; mais ces maisons ne peuvent avoir besoin d'être décrites que pour les objets qu'on y a rencontrés, & ici nous n'avons à nous occuper que de l'architecture. Voyons donc comment la science a résumé ce que nous savons des habitations romaines, afin de nous bien orienter dans le détail de celles que nous étudierons en particulier. Le fait général qu'il ne faut point perdre de vue, c'est la distinction entre la partie publique de la demeure, ouverte aux visiteurs, aux clients, aux solliciteurs, & la partie privée, réservée pour le maître, sa famille & ses domestiques, ouverte seulement aux visites de ses amis particuliers. On passait de l'une à l'autre par des corridors étroits qu'on appelait *gorges* (fauces).

— « Les grands palais, dit Mazois[1], étaient ordinairement précédés d'une petite place appelée *area,* qu'il ne faut pas confondre avec le vestibule... Le portique, formé par des colonnes ou des arcades, était situé sur l'area, soit qu'il en fît le tour de trois côtés, soit qu'il décorât seulement la façade du palais... Les habitations médiocres n'ayant point d'area, le portique se trouvait alors sur la voie publique... Le vestibule était aussi placé sur l'area, en avant de l'habitation, avec laquelle il communiquait, soit directement, soit par le portique. »

Du reste, Aulu-Gelle (XVI, 5), auquel l'auteur renvoie ici, nous apprend que, chez les Romains eux-mêmes, l'emploi du mot *vestibulum* n'a pas toujours été bien précis, & qu'il était pris quelquefois ou pour l'*area* dont nous venons de parler, ou pour l'*atrium* dont nous parlerons bientôt. Dans le sens propre, c'était le lieu où stationnaient les clients avant d'être admis à saluer le maître du logis, leur patron.

« Le *prothyrum,* reprend Mazois[2], était la partie comprise entre la porte de l'édifice sur l'area ou la voie publique & celle de l'atrium[3]. Il donnait entrée à des pièces placées à sa droite & à sa gauche, qui étaient des dépendances de la maison dans les grandes habitations, & qui, dans les moyennes, servaient de vestibules. » — «L'*atrium* & le *cavædium* étaient, à ce qu'il paraît, la même chose... Vitruve lui-même se sert alternativement de ces deux mots dans une même description. » Varron semble[4] donner le mot

---

1. *Les Ruines de Pompéi*, t. II, p. 17-18.
2. *Ibid.*, p. 18-19.
3. L'auteur note ici ce passage de Vitruve, *de Architectura,* VI, x : — Nos autem appellamus prothyra quæ græce dicuntur diathyra, — sans doute le corridor dont il était question au commencement du présent chapitre.
4. *De Lingua lat.* V, 161.

atrium comme une désignation d'un usage encore restreint, employée pour *cavum œdium*.

L'atrium était réellement une partie de la demeure, *partem domus primorem,* dit Aulu-Gelle (*ubi supra*), mais une partie ouverte aux étrangers, *ad communem omnium usum*[1]. Il était parfois entièrement couvert, & alors on l'appelait *testudo,* par assimilation de son toit avec la carapace d'une tortue ; souvent il laissait une ouverture, *compluvium,* laissant tomber les eaux pluviales dans un bassin, *impluvium,* le toit étant incliné de tous côtés vers le centre de cette cour & soutenu seulement par quatre poutres, qui se croisaient à angle droit ; c'était ce qu'on appelait *atrium toscan,* les Étrusques en ayant fourni aux Romains le premier modèle [2].

L'*atrium tétrastyle* [3], dit Mazois, était semblable au toscan ; la seule différence consistait dans les colonnes ou piliers, placés aux angles de l'impluvium, qui servaient à soutenir la toiture & à ménager la portée des poutres [4]. L'*atrium corinthien* ne différait du tétrastyle que par le nombre des colonnes & par la grandeur de l'impluvium... L'*atrium displuviatum* avait les toits inclinés de manière à verser les eaux en dehors de la maison. »

Le *tablinum* & les ailes appartiennent encore à la partie ouverte de l'habitation. Le premier était une pièce ouverte sur le cavædium & ornée de portraits de famille ; suivant Festus, qui en fait une partie de l'atrium, c'était anciennement le lieu où les magistrats tenaient & déposaient les registres (*tabulas*) contenant les comptes de leur administration. Les ailes étaient de petites pièces placées à droite

---

1. Varron, *de Lingua lat.,* V, 161.
2. Varron, *ibid.,* & Mazois, *les Ruines de Pompéi,* p. 22, d'après Vitruve, VII, III. — Cf. Breton, *Pompeia,* p. 209-210.
3. *Ibid.* p. 22-3. — Cf. Vitruve, *ibid.*
4. La planche 36 représente l'atrium tétrastyle d'une maison située en face du côté gauche de la Basilique, à Pompéi, maison toute décorée de peintures & de mosaïques. L'impluvium de marbre blanc a été lui-même enrichi de cette dernière décoration. Les

& à gauche de l'atrium, auquel appartenait aussi le *lararium* ou temple domestique des Lares [1].

Vitruve (*ubi supra*), outre la distinction des cinq espèces d'*atria* que nous venons d'indiquer, en formule une autre fondée sur les proportions différentes entre leurs dimensions. Il ajoute que l'ouverture (*lumen*) du compluvium ne doit pas dépasser en largeur le tiers de l'atrium, ni être inférieure au quart, sans doute afin de concilier l'élégance des proportions avec l'abondance de la lumière ; il veut de même que la longeur en soit convenablement proportionnée avec celle de l'atrium.

La partie réservée de l'habitation comprenait des *cubicula* (chambres à coucher) ; devant quelques-unes, on trouve un *procœton* ou antichambre ; le *triclinium* (salle à manger), l'*œcus* (salon) & quelquefois l'*exèdre,* grande salle pour la conversation. Beaucoup de maisons avaient des bains particuliers. Les riches avaient aussi, ordinairement derrière le tablinum, un péristyle ou portique entourant une cour plus grande que le cavædium entièrement découverte & quelquefois ornée de fleurs & d'arbustes, de manière à former un jardin [2].

---

colonnes de cet atrium sont en tuf de Nocera, en pierres & en briques, toutes revêtues de stuc coloré. — V. *Mus. Borb.*, vol. V, tav. 25 (1re édition).

1. Voy. Mazois, *les Ruines de Pompéi*, t. II, p. 23-4.
2. *Ibid.*, p. 25-7.

CHAPITRE II.

MAISONS DE POMPÉI ET D'HERCULANUM.

I. *Observations préliminaires.* — Winckelmann connaissait encore trop peu de maisons à Pompéi pour énoncer des observations étendues & précises sur le genre d'architecture adopté dans cette ville ; cependant il y avait remarqué non-seulement la disposition générale en avant & en arrière de l'atrium, mais encore le système décoratif & l'absence des fenêtres à l'extérieur [1]. Pour Herculanum, dont les fouilles, quoique fort peu avancées alors, l'étaient bien plus que celles de Pompéi, par comparaison à ce que les unes & les autres étaient ces années dernières, il est à propos de citer son témoignage sur l'aspect extérieur de ces habitations, tel qu'il le donne dans une lettre à M. Bianconi.

« Les maisons d'Herculanum, dit-il, n'avaient point de fenêtres du côté de la rue, mais regardaient vers la mer [2]. Ces fenêtres étaient faites dans le goût de celles des ateliers de nos peintres & de nos sculpteurs, dont le travail demande que la lumière y tombe d'en haut... Lorsqu'on voulait voir ce qui se passait dehors, il fallait grimper comme les chats... Quelques-unes étaient garnies, en dehors, d'un treillis ou grillage en pierre bronzée... dont deux, si je ne me trompe, ont été conservés entiers parmi les ruines d'Herculanum. »

1. Winckelmann, Lettre à M. Füssli.
2. On ne connaissait que les premières maisons de la ville, vers le rivage.

Quant à Pompéi, assez bien connue dès le temps de Mazois, celui-ci nous donne sur leur aspect des détails nombreux, que nous verrons, en général, vérifiés par l'étude, même très-incomplète, des maisons particulières, dont je ne pourrai décrire qu'un choix fort restreint. « Les maisons découvertes à Pompéi ont peu d'ouvertures sur la rue... Toutes les portes sont à peu près de même largeur & de même forme; un peu plus de recherche dans l'entablement & les chapiteaux des pilastres sont les seules choses qui puissent mettre quelque différence entre elles [1]. »

« Les édifices, dit-il ailleurs [2], sont décorés à peu de frais, &, à l'exception de quelques pavés & des mosaïques, on ne trouve guère de marbre qu'aux théâtres. Le stuc est employé, ou pour les ornements, ou comme revêtement sur les enduits : ces derniers sont composés, conformément aux procédés indiqués par Vitruve, de plusieurs couches de mortier fait avec de la chaux & de la pouzzolane. Le stuc, qui était appelé par les anciens *opus albarium*, à cause de sa blancheur, ou *marmoratum*, parce qu'il imitait le marbre & qu'il en entrait dans sa préparation, se mettait sur la dernière couche d'enduit... Il paraît être formé d'une espèce de gypse feuilleté, calciné & pulvérisé, qui produit un beau plâtre.

« On faisait encore usage d'une composition à peu près pareille pour former des aires sur les terrasses, dans les cours & les appartements. Avant qu'elle fût sèche, on y incrustait de petits morceaux de marbre de couleur... D'autres fois on mêlait seulement à cet enduit du tuileau pilé, ce qui lui donnait l'air d'une espèce de granit rouge. Cette dernière composition s'appelait *opus signinum*, de la ville de Signia, célèbre par ses excellentes tuiles.

« Les édifices sont aussi presque tous ornés, même avec profusion, de ces pavés de mosaïque que les Romains ne connurent que vers la fin de la république. Les peintures étaient

---

1. Mazois, *les Ruines de Pompéi*, t. II, p. 41.
2. *Ibid.* t. I, p. 22-3.

d'un usage si général dans cette ville (Pompéi), qu'on peut dire qu'elle est entièrement peinte ; elles sont dans le goût de ces arabesques qui commencèrent à devenir de mode sous Auguste [1]. »

II. *Maison dite de Pansa.* — La maison dite de Pansa occupe presque tout un îlot (*insula*), à l'extrémité de la rue des Thermes, au sud, entre les rues qu'on a nommées rue de Fortunata & rue de la Fullonica à l'ouest & à l'est : nous verrons plus loin à quoi se rapporte cette dernière désignation. L'édifice qui nous occupe tire la sienne d'une inscription qu'on y avait tracée en l'honneur de ce personnage, édile de Pompéi, comme d'ailleurs il y en a beaucoup dans cette ville en l'honneur de divers magistrats [2]. « Cette maison est, dit Mazois [3], une des plus complètes & des plus intéressantes habitations de Pompéi... Elle est entourée [4] de boutiques [5], de petites maisons & de localités propres à être louées. » Assurément elle appartenait à un personnage considérable, & il est fort possible que ce fût Pansa lui-même. Cette insula est bornée au nord par la ruelle de Mercure. Nous avons vu plus haut que la ruelle des Thermes conduit à celle des Augustals ; elle y débouche presque en face de la porte du forum ; or elle se sépare de la rue des Thermes vis-à-vis de la maison de Pansa, qui se trouvait en conséquence toute voisine des bains & fort à portée des édifices publics qui environnaient la place.

L'entrée principale 22 (pl. 25) est ouverte au sud, sur la rue des Thermes. D'autres issues latérales se trouvent placées, l'une à l'est, sur la rue de la Fullonica, au N. de la boutique 14, l'autre

---

1. Mazois, *les Ruines de Pompéi*, p. 23. — Cf. Bechi, *Mus. Borb.*, vol. VI, *Rela-zione*, &c.

2. Cf. Mazois, *ubi infra*, & Bechi, *Relazione degli scavi di Pompei*, p. 6-9 (*Mus. Borb.*, t. I).

3. *Les Ruines de Pompéi*, t. II, p. 82.

4. En grande partie.

5. Numéros 1 à 14 de la pl. 25.

à l'O. sur la rue de Fortunata, avec laquelle elle fait communiquer la cour n° 48. Ces deux issues communiquent directement avec la partie intérieure de l'habitation, tandis que l'autre conduit à *l'atrium* ou cavædium par le *prothyrum* 23, dont le pavé porte inscrit le mot *Salve*. Au milieu de l'atrium, se trouve un bassin, 30, que l'on reconnaît aisément pour l'*impluvium* de Varron. L'atrium lui-même a ses murs ornés d'arabesques; il est pavé en mosaïques; au n° 31 est indiqué le piédestal d'une statue qu'on ne trouve plus à sa place. Observons que, bien que l'atrium lui-même dût être imparfaitement éclairé par l'ouverture (compluvium) correspondant aux dimensions du bassin, les chambres d'ailleurs très-petites qui le bordent à droite & à gauche (24 à 29), sont entièrement dépourvues de fenêtres; quant aux *alæ* 34 & 35 elles sont ouvertes sur l'atrium dans toute leur largeur & pavées aussi en mosaïques. Le tablinum 32, occupant, comme d'ordinaire, le fond de l'atrium est de même ouvert, de ce côté, de toute la largeur de la pièce. Une large baie donne de là sur le péristyle; la même chose a lieu pour la pinacothèque (musée) 33, qui se trouve à gauche, & dont la porte donne encore sur l'atrium; il en est autrement de la chambre qui se trouve à droite; celle-ci ne communique qu'avec le péristyle & avec le corridor 36, qui remplit le rôle de *fauces*.

Avec le péristyle, nous commençons l'étude de l'habitation intérieure. Au milieu, est un bassin de marbre, entouré de colonnes; le cercle 38 & celui qui lui est opposé représentent des citernes. A gauche se trouvent de petits appartements, ouvrant tous sur le péristyle; l'un d'eux, 42, a jour sur l'arrière-boutique du n° 1, occupée sans doute par un serviteur de la maison; on a d'ailleurs appelé *boutique de Pansa* le n° 6 ouvrant à la fois sur la rue des Thermes & sur la chambre 24, probablement occupée par un esclave ou affranchi de confiance, qui vendait pour le compte du maître les produits du domaine (Cf. Breton, p. 206). Il faut d'ailleurs observer que les boutiques 1, 2, 3, où l'on a trouvé des couleurs pour la peinture à fresque, ont un aménagement plus compliqué que les autres & peuvent bien être considérées comme des dépendances de l'habitation principale ; elles communiquent par des escaliers à un étage supérieur. Je réserve pour un autre chapitre ce que j'ai à dire de la boulangerie, n⁰ˢ 15 à 18.

Au fond du péristyle, à droite, un *triclinium* (salle à manger) se trouve entre les deux maisons complètes 21 & 51, indépendantes de celle de Pansa; la première a, par exception, des ouvertures multipliées sur la rue. Un *œcus* fait face au tablinum ; à droite sont le *lararium,* 45, & une chambre, 47, ouvrant sur le jardin, où l'on a trouvé des tuyaux de plomb pour distribuer l'eau [1] ; à gauche, un corridor, 46, avec lequel communique l'œcus dont nous venons de parler ; celui-ci a sur le péristyle une ouverture, & sur le jardin sa principale entrée. Cette salle d'amis est séparée par un corridor de la cuisine 49, près de laquelle était sans doute le logement du cuisinier, 50, & qui a son dégagement à part, pour l'entrée des provisions & l'écoulement des eaux grasses, par la cour 48, donnant sur la rue de Fortunata. On a trouvé dans cette cuisine beaucoup d'ustensiles de terre & de bronze ; des peintures conservées par les cendres représentaient, d'un côté, des serpents, images des génies familiers de la maison, & de l'autre, un jambon, une tête de sanglier, un cochon de lait, un lièvre. Au fond du jardin, dont la partie antérieure est ornée d'un portique, se trouve un *stibadium* ou salle demi-circulaire, & recouverte d'une tente; on y venait quelquefois manger durant l'été.

La vue de la maison de Pansa, restaurée (pl. 26), suppose le spectateur placé dans l'atrium, un peu en avant de l'impluvium. En face est le tablinum, précédé d'un petit autel ; l'ouverture en est garnie de rideaux repliés ; du plafond pend une lampe. A travers la large ouverture qui en occupe presque tout le fond, on aperçoit le péristyle, formé de colonnes ioniques. Sur le dernier plan sont les rideaux qui ferment la fenêtre de l'œcus.

1. Vasi, *Itinéraire de Rome à Naples*, p. 252.

III. *Maison d'Homère.* — L'habitation appelée *maison d'Homère* ou *du poëte*, pl. 27, & que M. Breton[1] croit avoir été simplement celle d'un orfévre, occupe un angle de la rue des Thermes & de celle de la Fullonica; elle se trouve conséquemment vis-à-vis des boutiques 10 & suivantes de la pl. 25. Un certain nombre de bijoux, anneaux, colliers d'or, pendants d'oreilles ornés de perles, bracelets en forme de serpents, &c., ont été trouvés dans les deux boutiques 2 & 3, qui flanquent le prothyrum 1 de cette maison, & communiquent avec lui. « On y a recueilli en outre, dit M. Breton[2], une foule de coins & d'instruments en bronze & en fer, qui durent servir à la fabrication de ces joyaux, des poteries d'une forme bizarre & une lampe magnifique. » Cette maison a été déblayée vers 1825. C'est sur le seuil en mosaïques de cette demeure qu'on voyait la figure d'un chien enchaîné, avec les mots *cave canem,* reproduite à la pl. 91 du second volume.

On reconnaît sans peine, sur notre planche 28, l'atrium 4 & l'impluvium 5. Cet atrium (toscan) est pavé en mosaïques & orné de peintures nombreuses, représentant des sujets mythologiques, homériques & autres, qui ont fait donner à la maison le nom sous lequel on la désigne souvent; celui de *maison du poëte* vient sans doute de la peinture du *tablinum* 8, aujourd'hui transportée au musée de Naples & où l'on voit, dit encore M. Breton, « un poëte en costume d'esclave & dans lequel on croit reconnaître Térence, lisant ses vers devant six personnages, parmi lesquels Apollon & Minerve, qui semblent l'applaudir. » La mosaïque du régisseur entouré de ses comédiens, que nous avons vue sur la même planche, était le pavé de ce tablinum. Autour de l'atrium, on voit de plus la loge du portier, 22, une chambre avec quelques restes de peintures, 20, une autre chambre, 19, près de laquelle est un escalier, enfin un appartement, 18, ort richement décoré d'un pavé en

---

1. *Pompeia*, p. 258.
2. *Ibid.*, p. 259.

mosaïques & de peintures à sujets surtout héroïques & mythologiques. Le n° 6 est une *ala* à mosaïque blanche & noire.

A droite, 21, & à gauche, 16, du tablinum, M. Breton pense reconnaître la bibliothèque & le tabularium (dépôt d'archives). Le corridor unique, 7, remplace encore ici les *fauces* & met l'atrium en communication avec la partie intérieure de l'édifice.

On y voit d'abord un péristyle 9, adossé à la muraille extérieure; dans la niche 11, on a trouvé une statuette de faune. Les chambres à coucher 15 & 14 contiennent des peintures; l'une représente des sujets mythologiques, l'autre des paysages & des animaux. En 10, est le *posticum* ou porte de derrière. Quant à la grande pièce 12, contiguë à la cuisine 13, où l'on voit encore le fourneau, M. Breton[1] pense que c'est le triclinium. On y voit des arabesques, des figures de danseuses, Léda présentant, dans un nid, Castor, Pollux & Hélène à Tyndare, l'Amour se plaignant à sa mère du mépris de Diane, & Thésée abandonnant Ariadne. « Les mosaïques du pavé blanc & noir, ajoute l'auteur français, représentent des poissons, des cygnes & d'élégantes arabesques. »

Enfin, sous le péristyle même, auprès de la porte du triclinium, se trouvait une peinture qui était peut-être une copie ou une imitation du tableau de Timanthe, représentant le sacrifice d'Iphigénie; cette composition a été transportée au musée de Naples. Le dessin des ruines que nous offre la planche 28 laisse voir une partie du péristyle & reconnaître cette fresque. Calchas tient un glaive & arrive au lieu fatal; deux ministres subalternes saisissent Iphigénie pour l'égorger; Agamemnon, voilé, détourne la tête, & au-dessus, Artémis, sur son char traîné par un cerf, accueille Iphigénie, soustraite à ses bourreaux par un prodige.

IV. *Maison du Faune.* — Située dans la rue de la Fortune, prolongation de celle des Thermes, & découverte en 1831, la mai-

---

1. *Pompeia*, p. 262.

son du Faune occupe une insula un peu moins large, mais un peu plus longue que celle de Pansa; cette insula appuie ses longs côtés sur la rue du Faune & sur une autre, encore incomplétement ouverte en 1855. Néanmoins les fouilles étaient alors bien plus avancées de ce côté que lors de la découverte de cette maison dont le *Museo Borbonico* a publié, dans son VIIIe volume, le plan & la description par Bechi. Aussi M. Breton a-t-il pu, en publiant, dans sa *Pompeia*, le plan fort réduit de cette habitation, tracer, à la suite des pièces 47 à 52 du nôtre, une série d'appartements allant jusqu'à notre n° 29; j'en parlerai d'après lui. Le plan de la maison du Faune est notre planche 29.

Les entrées (7 & 53) donnent sur la rue de la Fortune; elles conduisent par les *prothyra* 6, 9, 50 & 54, munis de degrés, chacune à un *atrium* distinct (10 & 38), l'un toscan & l'autre tétrastyle, ayant chacun son *impluvium* (12 & 39). La hauteur considérable des colonnes de ce dernier atrium a fait penser à M. Breton qu'il était *displuviatum*, c'est-à-dire que l'eau du toit était conduite vers le dehors par une inclinaison à partir du centre. Les quatre pièces 5, qui ont leur ouverture soit unique soit principale sur la même rue, peuvent avoir été des boutiques, dépendant de la maison principale au même titre que ce qu'on a nommé la boutique de Pansa (v. § II ci-dessus).

Les murs de l'atrium 10 sont revêtus de stuc, mais, ici & dans plusieurs autres parties du même édifice, on avait placé en dessous des lames de plomb, attachées avec de nombreux clous de fer. Le fond de l'impluvium, de 3^m 80 sur 2^m 75, « est formé, dit M. Breton[1] de losanges, des marbres les plus précieux, assemblés avec un art merveilleux. Au centre est un petit piédestal creux qui portait le charmant *Faune* de bronze, haut de 78 centimètres, l'un des plus précieux ornements du musée de Naples. » La chambre 15 est pavée en mosaïques; la partie demeurée blanche sur notre plan est

---

1. *Pompeia*, p. 296.

une estrade pouvant porter deux lits. La porte qui fait communiquer la pièce 16 avec l'atrium « est percée d'une espèce de meurtrière, encore fermée en partie par un verre à vitre très-épais[1]. » Les pièces 17 & 18 ont, comme on le voit & contrairement à la coutume de Pompéi, des fenêtres extérieures ; mais elles ne communiquent qu'avec l'atrium ; 13 & 14 sont ce que les anciens appelaient des *alæ;* toutes deux avaient un pavé de marbre &, au centre, une mosaïque représentant des animaux ; l'une de ces mosaïques se voit à gauche de la pl. 100-1 de notre second volume, & la bande supérieure de cette même planche est le seuil du *tablinum* 19 ; enfin les poissons & les crustacés du groupe central sont une mosaïque formant le milieu du pavé de la salle 17 ; le triclinium en offrait une autre, représentant Acratus ou le génie de Bacchus, à cheval sur une panthère. Ces mosaïques sont maintenant au musée de Naples. La décoration de cette demeure est la plus riche qu'on ait trouvée à Pompéi, au moins jusqu'à 1838[2].

Quant aux pièces qui environnent le second atrium, M. Breton fait observer que l'absence de toute décoration désigne l'une d'elles comme ayant été la loge du portier. Malgré la symétrie de sa position avec celle-là, qui d'ailleurs ne donne point sur le prothyrum, une autre paraît avoir été destinée à des hôtes. Le cubiculum 47 est précédé de son *procæton* ou antichambre, 46 ; on y a trouvé des pieds de lit en ivoire ; 41 & 43 sont des *alæ*.

Le rectangle 42 est un bloc de pierre ; l'on pense qu'il supportait « un pressoir, qui avait son écoulement dans la pièce voisine, 45, par un trou qui existe encore dans le mur[3]. » M. Breton croit aussi que la petite chambre 52 était un logement d'esclave ; il signale plusieurs bâtiments de service (buanderie, cuisine, &c.), dans la partie non dégagée encore lorsque fut gravée

---

1. Breton, *Pompeia*, p. 296.
2. Vasi, *Itinér.*, p. 278.
3. Breton, *Pompeia*, p. 298 Il est indiqué sur notre plan.

la planche ici reproduite & qui se trouve à droite du passage 35.

La communication entre les deux parties de l'édifice est surtout établie par le passage 37, conduisant du second atrium au magnifique péristyle 22, qui a au centre un petit bassin 23 ; ce péristyle est formé de vingt-huit colonnes cannelées, d'ordre ionique. La pièce 25 est une *exèdre* décorée, à son entrée, de deux colonnes corinthiennes & s'ouvrant à la fois sur le péristyle & sur le xyste, 30. C'est là qu'on a trouvé la mosaïque représentant la bataille d'Issus. L'*œcus* 27 a aussi une mosaïque.

Le *xyste* ou lieu de promenade contenait un portique de cinquante-six colonnes doriques, où l'on voit les traces des clous sur lesquels reposaient des tringles servant à porter des rideaux. On a retrouvé aussi des fûts, colonnes & chapiteaux ioniques, qui font penser qu'un second rang de colonnes régnait au-dessus. 31 est un *puteal*[1] ou une bouche de citerne, & 32, l'emplacement d'un trapézophore ou pied de table, représentant un beau sphinx en marbre blanc qu'on a transporté au musée[2]. 28 & 29, chambres donnant sur le xyste, étaient apparemment des pièces d'habitation pour la famille. A l'autre extrémité, on a déblayé des chambres d'esclaves & un posticum[3]. A la différence de la maison de Pansa, celle-ci ne paraît pas avoir compris dans son insula de logements susceptibles d'être loués à des étrangers.

V. *Maison du Questeur*. — Découverte en 1829, &, selon Bechi, la plus belle des maisons de Pompéi jusque-là connues[4], cette maison est située dans la rue de Mercure, ainsi nommée à

---

1. On appelait ainsi un lieu frappé de la foudre qui, par cela même, devenait sacré & qu'on entourait d'un petit mur cylindrique.
2. Breton, *Pompeia*, p. 299.
3. *Ibid.*, p. 300.
4. Bechi, *Mus. Borb.*, vol. V. *Relaz. degli scavi*, p. 1; c'est là que se trouvent le plan reproduit ici & la description qui va nous guider. (V. notre planche 30.)

cause des nombreuses représentations de Mercure & de la Fortune que l'on y voit peintes sur la façade des maisons & qui ont fait penser avec vraisemblance qu'elle était peuplée de commerçants; la rue de Mercure est une des plus larges de Pompéi[1]. C'est la richesse de cette maison qui lui a fait donner le nom de maison du Questeur ou employé supérieur des finances.

La façade même en est décorée avec beaucoup de soin. « Sur un plinthe peint en rouge s'élèvent les murs décorés de panneaux en stuc blanc, séparés par une couleur d'azur & entourés chacun par une corniche de moulures ciselées[2]. » C'est ce que représente la figure C de notre planche 30, avec la corniche de la porte principale 2, donnant sur la rue de Mercure, & ouvrant sur le prothyrum 3.

Dans la pièce 4, qui se trouve à droite & qui, ouvrant sur le prothyrum même, devait, comme le pense Bechi, être la loge du portier, se trouve le pied d'un escalier, 5, & des lieux d'aisances, 6. L'impluvium 8 de l'atrium 7 est entouré de douze colonnes; par conséquent, l'atrium est corinthien. 9, c'est un jet d'eau; 10, une base de statue; 11, un puteal ou une bouche de citerne; 25 est un banc; mais Bechi dit qu'on reconnaît dans les objets désignés par les n°s 12 & 13 des caisses ou des coffres-forts; la place, il faut en convenir, en est singulièrement choisie dans un atrium. Plusieurs chambres, 17, 19, 20, 21, 22, 23, 24, ouvrent sur la même cour; deux ou trois, situées sur la rue, ont des fenêtres; en 18, est un enfoncement ayant pu servir d'armoire. La pièce 14, ouverte dans toute sa largeur, doit recevoir le nom d'*ala;* un banc continu, 15, l'entoure des trois autres côtés; il servait probablement à recevoir des visiteurs de rang inférieur, ou, si le propriétaire de la maison était réellement un magistrat, les citoyens qui venaient le trouver pour les affaires de sa charge & qui devaient attendre leur

---

1. Bechi, *Mus. Borb.*, vol. IV, Relaz.
2. *Ibid.*, vol. V. Relaz., p. 3.

tour. On a reconnu dans la pièce 24 la chambre aux provisions.

A gauche du *tablinum* 26, ouvert à la fois sur l'atrium & sur le péristyle, se trouve le couloir 27 destiné aux communications habituelles entre les deux, & à droite le *triclinium* 30. Le nom de *péristyle* convient d'ailleurs imparfaitement à l'espace que remplit en grande partie le jardin 33 : non-seulement il a, contre l'usage, la forme d'un trapèze, mais à droite il n'est pas formé de colonnes proprement dites, & de deux autres côtés elles sont engagées dans le mur. En 35, on voit un petit temple, & en avant, 36, un autel ; 32 est encore un puteal ou une citerne. Les pièces 29 & 30 ont des fenêtres sur le péristyle, sur lequel ouvrent un grand cubiculum, 37, & la cuisine 39 ; 41 est un siége de lieux d'aisances ; 43 est un autre cubiculum, ayant son procœton en 42.

Ce que nous venons de voir semble constituer une habitation complète ; néanmoins elle ouvre, en 34 & en 16, sur une autre série de pièces & d'espaces vides qui ne donnent point sur la rue de Mercure & communiquent seulement par un *posticum* 52, avec la rue parallèle. On y remarque un second atrium toscan, 44, avec un bassin octogone, 47 ; en face se trouve un autre triclinium, 48, auquel sont adjacents un cubiculum, 50, & son procœton, 49. La petite pièce adossée à la loge du portier n'a d'issue que sur l'atrium de cette seconde habitation, & les pièces 83 & 84, qui, au premier aspect, sembleraient dépendre d'une troisième ne communiquent non plus qu'avec la seconde par le couloir 51.

Ce n'est pas tout. La porte 54 donne issue du second atrium dans un troisième, du genre toscan, 56, dont l'impluvium se voit en 57, & qui d'ailleurs ouvre sur la rue par l'entrée 55. Il appartient à une habitation distincte, puisqu'elle a, outre des appartements nombreux, 64 à 69, donnant sur l'atrium, son exèdre 58 & sa cuisine 59, avec un canal pour les eaux grasses, 61, & ses lieux d'aisances 62.

Les chambres ou cubicula 71 & 74 à 77 sont des appartements intérieurs fort simples ouvrant seulement sur un corridor, 78, & un petit atrium découvert, 73, sans communication avec le dehors & servant à les éclairer. 79 est une écurie ou une remise; 80, un pilastre pour en soutenir le toit. Cette distribution inusitée de logements divers se communiquant peut donner lieu de penser qu'ils furent construits pour diverses branches d'une même famille; peut-être la partie intermédiaire était-elle commune entre deux.

En haut de notre plan, B représente la coupe de ces édifices suivant la ligne *ab* que l'on a brisée pour lui faire traverser les deux impluvia 47 & 8. D est la corniche de l'atrium 7; E est l'architrave du péristyle.

VI. *Maison de Méléagre*. — Dans la rue de Mercure aussi, à soixante pas du mur de la ville & à droite en se dirigeant vers lui, se trouve une maison que le musée Bourbon (du moins dans la première édition, vol. VII) ne désigne que par celui de la rue elle-même, mais que Vasi & Breton désignent sous celui de maison de Méléagre, nom qui a définitivement prévalu. Elle est curieuse à la fois par la disposition de ses parties & par les œuvres d'art qu'on y a trouvées; je la décrirai en combinant le travail de M. Breton avec l'explication de la planche donnée par Bechi. Le plan & quelques détails de cette maison occupent la planche 31 du présent volume. Elle a été découverte en 1829 & 1830.

Cette maison peut être considérée comme se composant de deux habitations distinctes, mais communiquant par plusieurs points, cette fois sans intermédiaire, ou si l'on ne veut pas les distinguer, on verra du moins, au premier coup d'œil, que la disposition des parties principales y est sensiblement différente de ce que nous avons vu ailleurs. Pour le dire en passant & comme il était facile de s'y attendre, la variété des constructions privées était beaucoup plus grande que celle des monuments publics; il n'y a point de basilique ni de temple grec ou romain dont la disposition soit aussi différente des règles générales du genre que les maisons de Méléagre & du Questeur s'écartent de la théorie d'une habitation italienne au temps des premiers empereurs.

A droite & à gauche du *prothyrum* 1, se voient, parmi des arabesques peintes sur un fond rouge, quatre figures de danseuses & deux tableaux qui se correspondent. L'un représente Méléagre & Atalante auprès de la dépouille du sanglier de Calydon; c'est de là qu'est venu le nom de la maison elle-même; « l'autre, Mercure donnant une bourse à la Fortune, est, dit M. Breton, une ingénieuse allégorie du commerce, source de la richesse[1]. » La pièce 10, percée de deux fenêtres qui donnent sur la rue de Mercure, est désignée par Bechi sous le nom de *dispensa*, garde-manger; c'est de là que, par l'escalier 11, on montait à l'étage supérieur. Quant à la pièce 33, Bechi pense à l'attribution d'une loge de portier; cependant il fait observer qu'elle est ornée de nombreuses peintures; une objection non moins forte peut-être, c'est qu'elle n'ouvre ni sur le prothyrum ni sur la rue, mais seulement sur l'atrium & le péristyle; elle a de plus une large fenêtre donnant sur ce dernier.

En 2, nous voyons un atrium *toscan* & non *corinthien*, comme l'a dit Bechi, par distraction sans doute; il n'y a pas trace de colonnes & Breton lui rend son véritable nom.

Cet atrium, en partie pavé de marbre, est décoré de peintures surtout mythologiques, telles que Thétis recevant de Vulcain les armes d'Achille, & Mercure remettant sa lyre à Apollon. L'impluvium 3 est en marbre blanc. En 4, se trouve un bassin de fontaine, dont le dessin est marqué C; en 5, la fontaine elle-même, E; en 6, des trapézophores (pieds de table) en marbre, D; entre eux, on avait ménagé une cavité, 7, revêtue aussi de marbre, avec un couvercle de même matière, peut-être pour y tenir des boissons fraîches, comme l'a pensé Bechi.

Trois chambres, que j'aurais de la peine à désigner, comme M. Breton, sous le nom de chambres à coucher, à cause de leur

---

1. Breton, *Pompeia*, p. 274.

position sur l'atrium, se succèdent à droite (12, 13, 14). Toutes sont ornées de peintures qui excluent la pensée de chambres d'esclaves; dans la dernière, on voit Hercule & Téléphe, &c. Le *tablinum* 8, pavé en *opus signinum*, avec des bandes de mosaïque, est décoré de bas-reliefs & de peintures. Celles qu'on a laissées sur place représentent « des divinités marines sur des dauphins ou des hippocampes, & une figure ailée tenant un plateau; deux grandes compositions d'un très-beau style & d'une parfaite conservation, Mars & Vénus, Inachus & Io, ont été enlevées pour le musée[1]. »

Le n° 16 est désigné par Bechi comme ayant été le *triclinium*; il a une fenêtre, 15, ouvrant sur la pièce 14. A gauche du tablinum 34, se trouve un corridor, qui se prolonge bien au delà, jusqu'au mur extérieur de l'édifice. Il donne entrée, à droite, dans « une chambre basse, voûtée, ornée de stucs & qu'une alcôve désigne comme ayant été une chambre à coucher d'été, *cubiculum æstivum*[2]. » C'est notre n° 35, avec l'alcôve en 36. En 37, est un escalier; 38, 39, 40, 41, sont des chambres communiquant soit entre elles, soit avec le corridor. Enfin, à gauche de celui-ci & de l'atrium, contrairement à toutes les habitudes qui en identifiaient l'axe avec celui de l'atrium même, se trouve le péristyle 18.

« Ce péristyle, disait M. Breton, en 1855[3], est le plus magnifique qui soit encore sorti des ruines de Pompeia, tant par son étendue que par la richesse de son architecture. Il n'a pas moins de 22^m 80 sur 18^m 70. » Il comprend vingt-quatre colonnes, à chapiteaux de fantaisie (voy. F.). Les murs en sont ornés de peintures représentant des Néréides sur des monstres marins, des feuillages, des fruits, des oiseaux volant alentour; les pilastres qui divisent les murs en compartiments portent eux-mêmes des figures. 19, c'est un bassin revêtu de marbre blanc; 22 représente les degrés

---

1. Breton, *Pompeia*, p. 274.
2. *Ibid.*, p. 275.
3. *Ibid., ibid.*

d'une petite cascade arrivant au bassin inférieur, 20, au milieu duquel une colonne contenait un jet d'eau s'ouvrant & se fermant à volonté avec une clef de bronze. En 23, est un petit bassin carré, dont le fond communique par un tuyau avec la fontaine. 24 & 25 sont des bouches de citerne; en 26, on a trouvé un tonneau en terre cuite rempli de chaux.

« Au fond du péristyle (v. 27), dit l'auteur de *Pompeia*[1], est un rare exemple d'un *œcus* corinthien, c'est-à-dire entouré, de trois côtés, de colonnes isolées. » Elles sont isolées du mur, mais non entre elles, car on en voit en G le modèle avec un fragment d'arcade. Bechi appelle cet œcus *égyptien-cyzicénien;* mais Vitruve[2] assure que l'*œcus cyzicenus* n'était point usité en Italie, & il dit que l'*œcus ægyptius* diffère du *corinthius* en ce qu'il a, sur les architraves de ses colonnes, des planchers allant au mur & formant une galerie découverte, tandis que d'autres colonnes, plus courtes d'un quart que les colonnes inférieures, s'élèvent au-dessus de celles-ci & sont surmontées d'architraves formant avec elles des fenêtres. Or rien n'indique que les colonnes de la pièce qui nous occupe ici aient supporté ce fardeau. A droite est une pièce sans ornements, que Bechi appelle une exèdre & qui, comme la suivante, ouvre sur le péristyle dans presque toute sa largeur; à gauche, 29, est une pièce plus vaste, fort richement décorée, & à laquelle en conséquence convient davantage le nom d'*exèdre* que, du reste, Bechi lui donne également. Le pavé en est de mosaïque blanche & noire; les murs portent différentes peintures; les Néréides sur des monstres marins y paraissent encore.

Dans le grand *triclinium* 30, on voit de très-belles peintures : figures volantes, héros en attitude guerrière, Chimère, jugement de Pâris, Achille retiré dans sa tente & sollicité par les chefs de revenir au combat. Le petit *cubiculum* 32, précédé de son *procœton* 31,

---

1. Breton, *Pompeia*, p. 275.
2. *De Architectura*, l. VII, ch. III.

est aussi orné de jolies peintures. En 46, 47 & 48, sont des chambres d'esclaves, ayant leur sortie par le *posticum* 49, au moyen du corridor sur lequel ouvrent aussi l'escalier 44, la chambre à coucher 42 & la cuisine 43, avec un foyer & une peinture représentant un serpent, qui s'enroule autour d'un trépied, & deux adolescents, *camilli*, s'apprêtant à servir au sacrifice qu'on va offrir au génie du lieu, représenté par cet animal.

B est la coupe de l'édifice suivant la ligne I-H, encore ici légèrement brisée ; L & M sont les fragments d'inscriptions osques dont parle Avellino à la suite du travail de Bechi.

VII. *Maison du Centaure*. — Cette maison, que Bechi avait désignée d'abord sous le nom de maison de Méléagre[1], réservé maintenant à celle que nous venons d'étudier, a été découverte à peu près dans le même temps. La distinction en deux habitations différentes est ici[2] incontestable ; elles sont bien complètes chacune & ont leurs entrées distinctes (1 & 26) sur une même rue, celle de Mercure encore ; seulement elles communiquent par une porte unique, 25. Une seule a un posticum, 46, sur la rue du Faune.

A droite de la première entrée, se trouve une chambre, 6, ayant deux fenêtres sur la rue, &, un peu plus loin, une estrade, 7, destinée à porter un lit ; le petit cabinet 8 en dépend également ; je ne puis concevoir pourquoi Bechi a donné le nom de tablinum à la pièce 9, adhérente au prothyrum. Elle contient des peintures sur panneaux en stuc, alternativement jaunes & rouges.

Dans l'*atrium toscan*, 2, se trouve un *impluvium*, 3, &, en 4, un pied de table en marbre, carré, entre deux trapézophores. Trois chambres, 10, 12 & 13, se voient à droite de l'atrium ; la première

---

1. Bechi, *Mus. Borb.*, vol. VI, A-B. — Vasi, *Itinéraire*, p. 265, & Breton, *Pompeia*, p. 276, lui donnent le nom de maison du Centaure.
2. V. notre planche 32.

a une estrade 11, semblable à celle du n° 7. En 15, est le véritable *tablinum* ; à gauche, 14, une chambre fort simple, &, à droite, le corridor conduisant à l'habitation intérieure.

Le péristyle 16, sur l'angle duquel est prise la chambre 22, est formé de huit colonnes seulement, rangées sur deux lignes & réunies par un *pluteus* ou mur d'appui, creusé pour recevoir des fleurs[1]. En 17, est un pilastre de briques soutenant la colonnade; peut-être, dit Bechi, depuis le tremblement de terre de l'an 69. En 18, est un triclinium décoré d'une reconnaissance d'Achille par Ulysse, chez le roi de Scyros. 19 a une ouverture sur la rue du Faune; 20, 21, 23 sont encore des appartements intérieurs, presque en ruines, ainsi que la pièce 22.

L'escalier 25 donne passage dans la seconde habitation, plus riche que la première, & où Bechi pense que résidait le maître des deux édifices. L'entrée extérieure est flanquée de deux pièces, 27 & 28, qualifiées, probablement avec raison, par l'archéologue italien, de porterie & de chambre de l'*atriensis,* ou esclave chargé du soin de l'atrium. L'atrium 29 est corinthien, à seize colonnes ; en 30 est un bassin de marbre, distinct de l'impluvium. La chambre 38, pavée de mosaïques, est entièrement ornée de peintures ; elle a sur l'atrium une porte & une fenêtre ; 39 a pour ouverture une large fenêtre sur un simple parapet. Deux autres chambres, 33 & 35, ont aussi des fenêtres ouvrant sur le petit péristyle 32. La première & le cabinet 34 ont des ouvertures sur la rue.

A gauche du *tablinum* 41 (exèdre selon M. Breton), se trouve un *triclinium,* 42, l'appartement le plus richement décoré de la maison entière. C'est dans ce triclinium que se voit la mosaïque du lion enchaîné par les Amours. L'exèdre renferme les deux peintures qui ont donné à la maison ses désignations successives : *Méléagre* & Atalante, avec le sanglier mort à leurs pieds; Déjanire, sur un char, présentant Ilus à Hercule, tandis que le *cen-*

1. V. Breton, *Pompeia,* p. 277.

taure Nessus, à genoux, offre de la transporter de l'autre côté du fleuve. Les murs de la chambre 47 sont enduits de stuc peint, imitant le marbre. Le jardin 44 s'ouvre sur la cour 43 par une porte ornée de deux colonnes, &, par une fenêtre, sur la chambre 42.

VIII. *Maisons d'Ariadne & d'Apollon.* — Le principal résultat des fouilles opérées à Pompéi, d'avril 1833 à février 1834, est une grande & riche habitation, dite aujourd'hui d'Ariadne (pl. 33), dont l'entrée 1, ornée de lignes de mosaïque dans le pavé, donne sur une rue passant au sud du forum. Sur l'atrium toscan 4, pourvu de son impluvium 5, ouvrent à droite & à gauche des chambres de dimensions diverses, 10, 11, 6, 7, 8; la première seule a des ouvertures au dehors; Bechi[1] pense que la chambre 6 pourrait être celle de l'atriensis. 12 & 13 sont des *alæ;* dans celle-ci Bechi croit que le réduit 14 était un *lararium*. Ces deux *alæ* sont pavées en mosaïque blanche & noire; la seconde est ornée de peintures. En 15 est le *tablinum*, aujourd'hui dépouillé du marbre dont il était revêtu; en 17, un œcus auquel Bechi donne l'épithète de *Cyzicenus* (v. supra, § 6). Les deux *fauces* 16, conduisent par quelques degrés dans le péristyle 18, où l'on descend aussi du tablinum. Sur l'une d'elles ouvre la porte de l'*œcus*, qui a une fenêtre sur le péristyle; à gauche de l'autre & correspondant à l'œcus est une pièce sans décoration, dont la seule ouverture est une porte placée à peu près comme la fenêtre de celui-là.

Le *péristyle* est à dix-huit colonnes ioniques, dont le modèle est en B. On voit encore, au bas de ces colonnes, les instruments de fer qui arrêtaient les cordes au moyen desquelles on tendait des voiles pour envelopper le portique. Il contient un *impluvium* 19 &, au centre, une fontaine. A l'entrée, deux *triclinia* se correspondent, 20 & 21; dans le premier, on avait représenté Thésée & Ariadne.

---

1. *Mus. Borb.,* vol. X; *Relazione,* &c.

Les *exèdres* 24 & 25, ornées de belles peintures, se correspondent de même; au milieu du pavé de la dernière est une mosaïque représentant des poissons; auprès de cette pièce, on voit un escalier. *Bacchus & Ariadne* sont peints sur les murs de la grande pièce 26, qui occupe un angle du péristyle.

Un second *tablinum* est construit dans l'axe du premier atrium & du péristyle, axe suivant lequel a été brisée la coupe dessinée au-dessus du plan. A droite est un autre œcus, 27, ouvrant sur le péristyle par une porte & par une large fenêtre. On y voit encore une scène compliquée : Ariadne pleure en voyant s'éloigner le vaisseau de Thésée, tandis que Bacchus s'approche suivi d'un silène, d'une bacchante & de deux faunes. A gauche, 29, dans une chambre beaucoup plus petite, on voit Hercule & Prométhée, Polyphème & Galatée, représentés sur les murs. Dans la pièce oblongue 30, sont peints, sur un fond noir, des paysages & des combats de nains & d'oiseaux (Pygmées & grues [?]).

Un autre péristyle de vingt-quatre colonnes doriques & toscanes (v. C & D), dont l'axe est légèrement reporté à gauche, est bordé d'une ligne de logements sans aucune décoration, & que Bechi pense avoir été occupés par des esclaves. Des deux côtés du *posticum* 35, débouchant dans la rue de la Fortune & orné de pilastres dont on voit le chapiteau en A, sont des boutiques 36, 37, 38, qui ouvrent uniquement sur cette rue. En 39, est le prothyrum d'une autre maison beaucoup plus petite, précédée d'une boutique, 40, & contenant, le long de son *atrium toscan*, 43, & du *tablinum* 49, une série d'appartements exigus; en 53, au fond d'une espèce de péristyle, 52, est une fontaine en mosaïque; en 54, est la cuisine.

La dernière maison de Pompéi que nous ayons à décrire ici (pl. 34) est d'un plan fort irrégulier : c'est la *maison d'Apollon*. De l'atrium toscan 2, sur trois côtés duquel sont rangées six pièces uniquement éclairées par lui, y compris le tablinum 8, part, dans un angle, un escalier conduisant à l'étage supérieur, comme d'ailleurs on en a trouvé presque partout dans cette ville. Un Apollon ou du moins un dieu solaire à tête radiée, tenant la boule du monde, est peint sur le mur à gauche de l'atrium : c'est déjà, ce semble, un prélude à cette prédominance des dieux solaires qui éclatera plus tard dans le syncrétisme religieux du monde romain. En face de l'escalier, le corridor 9 conduit au xyste 10, sur les murs duquel sont peintes des vues de jardins. Au milieu est un *nymphæum* (lieu consacré aux nymphes[1]) 11, dont on voit en A le plan détaillé & la coupe. La pièce 12 est une exèdre, avec un pavé de marbre, en grande partie enlevé après l'éruption, sans doute par les habitants eux-mêmes; des deux côtés sont des appartements de service, cuisine, dépense, &c. Les pièces 18, 19, 21, 22 & 16 ont des fenêtres donnant soit sur la cour du xyste, soit sur le jardin 24, séparé en trois parties irrégulières par de petits murs. Dans la partie centrale 23, est une fontaine de marbre, dont le plan détaillé est en B. En 27, est une chambre ornée de peintures; on y retrouve à l'extérieur le sujet d'Achille reconnu à Scyros par Ulysse, que nous avons déjà vu ailleurs. A l'intérieur, entre autres peintures, est un Apollon jouant de la lyre. En 26, on voit une espèce de péristyle avec des murs à mosaïque de verre & à coquilles.

IX. *Deux maisons d'Herculanum.* — Le VIIe volume du *Museo Borbonico*, qui donne la relation des fouilles de Pompéi, depuis octobre 1830 jusqu'à mai 1831, donne aussi le résultat de quelques fouilles, alors récentes, faites à Herculanum[2]. On a peine à concevoir la disposition de l'habitation figurée en B, la cour centrale ne paraissant communiquer que par de petites fenêtres fort élevées, avec les logements qui l'entourent. 14, 15, 16, 17, 18, étaient des chambres à coucher. Mais, en A, nous retrouvons un système analogue à celui des maisons de Pompéi, avec cette anomalie, déjà

---

1. V. Bechi, *Mus. Borb.*, vol. XIII.
2. V. notre planche 35.

remarquée plus haut pour un petit nombre d'entre elles, d'une habitation double & d'un péristyle en côté de l'atrium.

Je dis atrium, parce que l'auteur italien désigne l'espace 17 comme devant avoir eu cet emploi; mais il faut observer que tous les murs figurés en *demi-teinte* sur le plan ne sont qu'une restitution conjecturale. La pièce 18 est un tablinum, & 25, un premier péristyle de petites dimensions; 7 est le grand péristyle, dont les architraves portent encore les tenons de fer destinés à retenir les rideaux des entre-colonnements (v. l'élévation), tandis qu'on a trouvé, fixés aux bases des colonnes, les anneaux servant à tendre les mêmes rideaux au moyen de cordes (v. en C, la coupe de l'édifice vu du côté de l'area); 8 est le triclinium avec parois peintes & pavé de marbre; 4 & 5 des chambres décorées de peintures; en 2, est un posticum donnant sur une pente inclinée vers la mer. Les pièces 12, 14 & 15, tout à fait dépourvues de décoration, ont été probablement de petites chambres d'esclaves. Au contraire, les appartements 19, 20, 21, 22, 23, 24, qui environnent l'atrium, étaient habilement décorés. F & D sont des chapiteaux en stuc appartenant au portique 6.

X. *Moulures.* — Terminons cette étude sur la disposition & la décoration des maisons opulentes de Pompéi & d'Herculanum par quelques observations de détail sur le caractère des ornements d'architecture & de ciselure qu'on y a découverts. « On peut, dit Bechi[1], recueillir dans les ruines de Pompéi bien d'élégants détails de l'art architectonique; mais, en les examinant, il convient de séparer la manière grecque de la manière romaine. A la première appartiennent, ce me semble, la base, le fragment de frise & les deux chapiteaux sculptés en marbre, que nous publions dans cette planche[2]. » La base est, comme on le voit, fouillée d'assez gra-

---

1. *Mus. Borb.*, vol. IV, tav. 25.
2. C'est notre pl. 37.

cieuses intailles; la frise, aux larges feuilles, a d'élégants enroulements; les deux chapiteaux appartiennent à de petits pilastres qui décorent un édifice du forum de Pompéi & montrent, par la variété de leur décoration végétale, combien l'architecture ancienne en pouvait accepter sans détruire les caractères essentiels de ses ordres[1]. Bechi fait la même observation[2] pour les chapiteaux représentés sur notre planche 39.

Sur la planche 38 on voit dressés verticalement deux fragments de décoration en marbre de Luna, appartenant aux jambages d'une porte; au dessus est représenté le centre de son architrave. Les premiers représentent des tiges, dont les feuillages forment des rosaces symétriques, qui supportent des figures d'oiseaux & d'insectes. J'avoue ne pouvoir partager, au sujet de ce dessin, la pensée de Bechi, faisant observer ici[3] que « le faste romain songeait souvent plutôt à la difficulté vaincue & à la richesse des ornements qu'à leur élégance. » « Mais, dit-il ailleurs, à la plus belle manière grecque appartient le fragment de cette planche[4]. » C'est une plinthe triangulaire qui paraît avoir servi de base à un candélabre trouvé à Pompéi. Cet objet, en marbre grec, est d'une finesse incomparable. « Le morceau de frise représenté au-dessus, dans le sens horizontal, est d'une exécution moins parfaite & paraît être de travail romain. » Ce n'est plus de Pompéi, mais des jardins Farnèse que viennent les moulures représentées sur notre pl. 41, & où l'élégance du dessin dissimule la surabondance des ornements[5].

Enfin, avec les détails divers de moulures architecturales reproduits sur la pl. 44, nous avons à signaler le chapiteau & les trapézophores réunis sur la pl. 42, le chapiteau de pilastre & l'anté-

---

1. V. Bechi, *Mus. Borb.*, IV, 25.
2. *Ibid.*, X, 29. — V. aussi nos planches 42 & 43.
3. *Mus. Borb.*, IV, 11.
4. *Ibid.*, IV, 41. — C'est notre 40e.
5. *Ibid.*, X, 45.

fixe de marbre qui forment la pl. 43. Les trapézophores, dont nous avons vu l'emploi (*supra*, § 6 & 7) sont, dit *Quaranta*[1], un genre de monument assez rare ; c'est le *mensæ fulcrum* de Cicéron. La figure 2 représente le profil du trapézophore complet; 4, le fragment de l'autre ; 3, le revers du n° 2, & 5, le revers du n° 4. Sur la pl. 43, la figure inférieure est, comme nous l'apprend Bechi[2], le fragment d'un chapiteau colossal trouvé dans le forum de Pompéi; l'autre est une antéfixe[3] à feuilles d'acanthe, qui ornait l'angle de la couverture, dans un édifice trouvé à Rome. Ici encore Bechi retrouve la manière romaine, plus riche mais moins élégante que celle des Grecs.

1. *Mus. Borb.*, VII, 28.
2. *Ibid.*, IV, 42.
3. On appelait ainsi des figures sculptées à l'extérieur des monuments, en dehors des moulures prescrites par les lois de l'art.

CHAPITRE III.

ÉTABLISSEMENTS INDUSTRIELS.

I. *Boulangerie*. — Nous avons trouvé, dans le plan de la maison dite de Pansa, pl. 25 (v. *supra,* chap. II, § 2), un logement séparé (nos 15 à 19), celui d'un boulanger, comprenant à la fois son atelier & son habitation. La pièce 15, ayant deux portes sur la rue, était assurément destinée à la vente du pain; 19 devait être la chambre à coucher du boulanger lui-même, & 17, celle des garçons boulangers; 18, c'est le four, & 16, le *pistrinum*, où le grain était moulu & la pâte fabriquée. Mais nous avons encore (pl. 45) le dessin de l'intérieur d'un établissement semblable, situé sur une petite rue qui croise, en dedans des murailles de Pompéi & non loin d'elles, la prolongation de la voie des Tombeaux[1]. Nous allons maintenant l'étudier avec quelque détail.

Mazois y a reconnu, dit-il[2], « les moulins, les vases de bronze & de terre pour conserver l'eau, la farine, le levain; les pierres où l'on mettait la pâte à fermenter & le pain à refroidir, l'écurie pour les bêtes de somme. » Mais l'objet le plus curieux ce sont les moulins eux-mêmes, trouvés au nombre de quatre dans la pièce dont nous avons ici le dessin & qui mesure 31 pieds de longueur moyenne sur 24 de largeur[3].

---

1. V. Bechi, *Mus. Borb.,* V, 40 de la 1re édition.
2. *Les Ruines de Pompéi*, T. II, p. 56.
3. *Ibid.,* p. 57.

ÉTABLISSEMENTS INDUSTRIELS.

Les moulins, dont trois sont visibles[1] à gauche de la planche, sont en pierre grise. « La partie mobile présente à l'intérieur deux cavités coniques, opposées par leurs sommets; la cavité supérieure recevait le grain; l'autre reposait sur un cône immobile contre lequel elle broyait le blé par l'effet du frottement; la farine tombait ensuite tout autour de la meule fixe & était reçue dans une petite rigole, d'où l'on était obligé de l'enlever à la main (ou avec un petit vase)[2]. La meule mobile était garnie, à son étranglement interne, d'une espèce de moyeu en fer & tournait sur un pivot scellé dans la meule fixe. Le grain passait par quatre trous ménagés dans le moyeu, & cette armature se rattachait par des liens de fer aux bras de bois à l'aide desquels on mettait le moulin en mouvement[3]. »

Il n'y a pas trace, du reste, d'un mécanisme extérieur, d'une force motrice par un courant d'eau ou par le vent. Les moulins étaient tournés, chez les anciens, soit par des esclaves, & c'était un des labeurs les plus rudes, soit par des bêtes de somme, & il semble qu'il en était de même ici, puisqu'on a reconnu leur écurie, à moins toutefois que celles-ci ne fussent destinées à chercher le grain & à porter la farine ou le pain chez les *pratiques* du meunier-boulanger.

Près du puits se trouve le four, que l'on aperçoit dans le fond. Il est de forme ronde, muré de briques & pavé de grandes tuiles; l'antéfour a deux ouvertures, l'une en avant pour enfourner la pâte, l'autre, sur une autre pièce, pour en retirer le pain; sous le four, est un réduit ménagé pour déposer la braise qu'on en retirait, &, au devant, un petit caveau fermé par une dalle de pierre, pour y jeter la cendre. Trois tuyaux de terre, placés en côté du four, laissaient échapper la fumée; cet usage d'un triple tuyau est ordinaire à Pompéi[4].

---

1. Il y en a, dit Bechi, trois grands & un petit.
2. Mazois, *Les Ruines de Pompéi*, II, 57.
3. *Ibid.*, p. 58.
4. *Ibid.*, p. 60, & Bechi, *ubi supra*.

II. *Atelier de foulon.* — Il reste enfin à décrire l'atelier de foulerie & de teinture (*fullonica*) que l'on a trouvé à Pompéi vis-à-vis de la maison de Pansa, & dont notre pl. 46 offre le plan avec celui d'habitations qui s'y trouvent jointes : le périmètre, déterminé à ses angles par les numéros 59, 33, 29, 35, 47 & 15, correspond seul à celui de la *fullonica* proprement dite, telle qu'elle se trouve reproduite sur le plan de M. Breton. A gauche (n°ˢ 3 à 13), sont diverses boutiques; à droite, sont deux autres maisons complètes (55 à 75 & 76 à 106), ayant leurs ouvertures sur la même rue. Remarquons même que les numéros 49 à 54, bien que correspondant à une partie du plan de M. Breton (ainsi que la pièce 59 communiquant avec l'atrium 56), forment encore une habitation distincte. La *fullonica* a son entrée en 17, & l'on a pensé avec grande apparence de raison que les salles 13, 14, 15 & 16, bien que rentrant, au premier aspect, dans le plan de l'établissement principal, en sont indépendantes, puisqu'elles n'ont point de communication avec lui; les pièces 18 & 19, au contraire, ouvrant sur le vestibule, devaient être destinées, l'une à déposer les objets apportés par les clients, l'autre à loger le garçon qui les recevait.

A la vue du plan, on incline à croire aussi que les pièces 20, 21 & 22, qui ont leurs ouvertures sur l'atrium 23[1], avaient un usage de même nature & servaient tant au dépôt des vêtements à fouler & à teindre qu'à la réception des clients par le patron; la salle 20, « ornée de peintures médiocres, parmi lesquelles on reconnaît encore Vénus & Adonis, Thésée, vainqueur du Minotaure, » convenait, selon M. Breton[2], à ce dernier emploi; mais la pièce 21, pavée de mosaïques & décorée de peintures élégantes, où l'on « voit encore deux chars tirés l'un par deux biches, l'autre par deux

---

1. Il est décoré d'un grand impluvium, 24, avec un péristyle formé de pilastres; ce réservoir était peut-être destiné ici à un usage industriel.
2. *Pompeia,* p. 261.

paons, » paraît à l'auteur de *Pompeia* avoir été une chambre à coucher. Il faut avouer que ce serait là une dérogation singulière aux coutumes & à la disposition des grandes maisons de l'antiquité. Un riche industriel pouvait fort bien avoir, près de son atrium, un salon pour recevoir des visiteurs d'un rang distingué sans leur faire traverser un atelier de teinture.

La salle 47, beaucoup plus vaste, peut avoir servi de *séchoir*. En 26, est une fontaine; 27 & 28 sont des bassins; les trois numéros 29, des lavoirs; au numéro 33, est une grande cuve ou baignoire[1]; 30, 31, 32 sont les pièces de la foulerie proprement dite; les deux numéros 32 sont des cases, très-probablement disposées pour y placer des cuves à fouler. En 25, est un « lieu propre à mettre une armoire, où l'on voit les *attentes* fichées dans le mur & disposées pour les vêtements ou les draps qui se travaillaient dans la foulerie. »

La salle 34 est pavée en mosaïque; peut-être était-ce le lieu de réception pour les amis du maître.

Des peintures trouvées dans cette maison représentent avec détail les opérations de l'industrie qu'on y pratiquait[2]. On y voit un homme cardant un manteau blanc bordé de pourpre avec une sorte d'étrille. « Un autre ouvrier apporte une grande cage d'osier sur laquelle on étendait les étoffes pour les exposer à la vapeur du soufre brûlant sur un fourneau; l'ouvrier est couronné d'olivier[3] & sur la cage est perché l'oiseau de Minerve, protectrice de ceux qui travaillent les tissus. Sur le premier plan est une femme assise & richement vêtue, recevant une étoffe des mains d'une jeune ouvrière. Dans un autre compartiment on voit des ouvriers qui, placés dans des espèces de niches[4], foulent avec leurs pieds ou lavent avec leurs mains des étoffes renfermées dans des cuves. » On

---

1. *Pompeia*, p. 266.
2. *Ibid.*, p. 264-5.
3. Arbre consacré, comme le hibou, à la déesse des arts & de l'industrie.
4. Celles du numéro 31.

y voit aussi « une presse sous laquelle on mettait les draps ; & un groupe représente le directeur de l'établissement donnant des ordres à des esclaves près desquels sont des étoffes étendues sur une perche. » Ces peintures, tracées sur un pilier de la fontaine 26, ont été transportées à Naples.

Du côté du *posticum,* 35, on remarque plusieurs pièces ayant communication indirecte avec la partie la plus reculée de l'atrium & qui, n'étant pas décorées, étaient sans doute occupées par des esclaves ouvriers. Les peintures & l'élégant pavé du numéro 45 & de son *procœton,* 44, donnent lieu de penser, au contraire, que cette partie de l'habitation était occupée par le patron ou quelqu'un de sa famille, qui devait être à portée de veiller de nuit sur les dépôts d'étoffes. Au numéro 42 est un four avec ses dépendances (40 & 41) ; 43 est un escalier conduisant à l'étage supérieur.

Un savant architecte, auteur anonyme du premier volume de notre publication, a pensé que la pièce 48 servait de communication aujourd'hui fermée, il n'explique pas comment, entre la foulerie elle-même & les logements ayant leur entrée en 49, logements qu'il considérait comme ayant été l'habitation même du propriétaire. Quelque exiguës que soient ses dimensions, cet appartement a aussi son *atrium,* 50, avec un *impluvium,* 51 ; l'escalier 54 montre que les deux pièces 52 & 53 n'en formaient pas toute la partie habitable ; les deux maisons voisines, ayant leur entrée en 55 & 76, rentrent bien mieux que celle-ci, on le voit à la simple inspection du plan, dans la disposition générale des grandes maisons de Pompéi. On reconnaît aussi sans peine, en III & IV, dans la partie supérieure de notre planche, les coupes AB de l'ensemble & CD de la *fullonica.*

FIN DU TROISIÈME VOLUME
DE LA PREMIÈRE SÉRIE.

TABLE DES MATIÈRES

DU TROISIÈME VOLUME.

LIVRE PREMIER.

NOTIONS GÉNÉRALES SUR LA DÉCOUVERTE ET L'ASPECT D'HERCULANUM ET DE POMPÉI.

CHAPITRE PREMIER.
Pages.
LES DÉCOUVERTES. 1

CHAPITRE II.
CARACTÈRE ARCHITECTURAL 5

Pages.
I. Les deux villes 5
II. Les murs de Pompéi. . . . 6
III. Les forums . . . . *Ibid.*
IV. Les rues de Pompéi. 8

LIVRE DEUXIÈME.

TEMPLES ET TOMBEAUX.

CHAPITRE PREMIER.
NOTIONS GÉNÉRALES SUR LES TEMPLES ANCIENS. 11

CHAPITRE II.
TEMPLES DE POMPÉI. RESTITUTION . 14
I. Observations générales . . . 14

II. Temple du Forum. 15
III. Temple de la Fortune. . . . 18
IV. Temple d'Isis 19

CHAPITRE III.
TOMBEAUX 22

# TABLE DES MATIÈRES.

LIVRE TROISIÈME.

ÉDIFICES PUBLICS.

CHAPITRE PREMIER.

		Pages.
Théâtres.		27
I.	Notions générales sur les théâtres anciens.	Ibid.
II.	Théâtre d'Herculanum.	30
III.	Théâtres de Pompéi.	32

CHAPITRE II.

	Pages.
École de gladiateurs.	35

CHAPITRE III.

Propylées, basiliques, curies.	38

CHAPITRE IV.

Thermes.	41

LIVRE QUATRIÈME.

MAISONS.

CHAPITRE PREMIER.

Notions sur les habitations des Grecs et des Romains.		47
I.	Maisons grecques.	Ibid.
II.	Maisons romaines.	48

CHAPITRE II.

Maisons de Pompéi et d'Herculanum.		52
I.	Observations préliminaires.	52
II.	Maison dite de Pansa.	54
III.	Maison d'Homère.	57
IV.	Maison du Faune.	58
V.	Maison du Questeur.	61
VI.	Maison de Méléagre.	64
VII.	Maison du Centaure.	68
VIII.	Maisons d'Ariadne & d'Apollon.	70
IX.	Deux maisons d'Herculanum.	72
X.	Moulures.	73

CHAPITRE III.

Établissements industriels.		77
I.	Boulangerie.	Ibid
II.	Atelier de foulon.	79

PARIS. — J. CLAYE, IMPRIMEUR, RUE SAINT-BENOIT, 7.

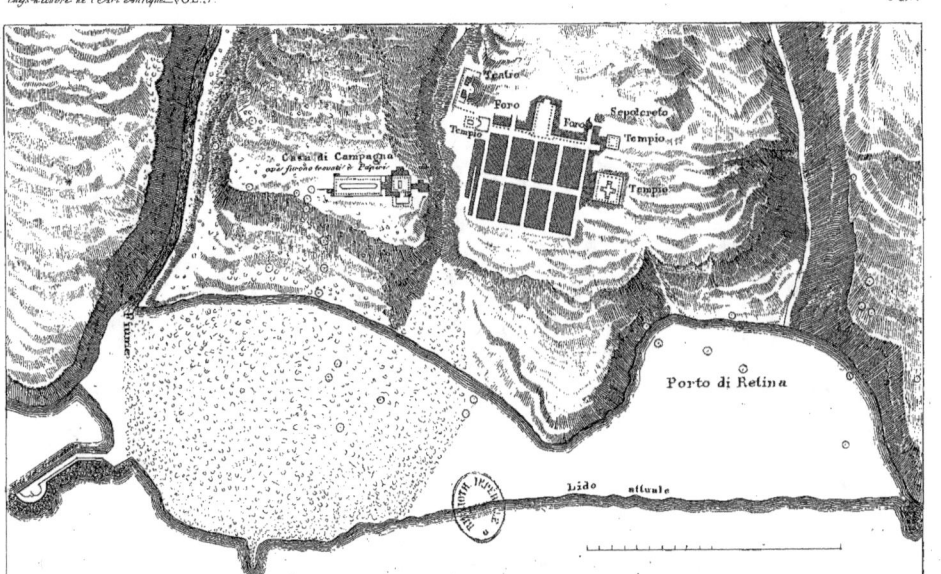

PLAN D'HERCVLANVM

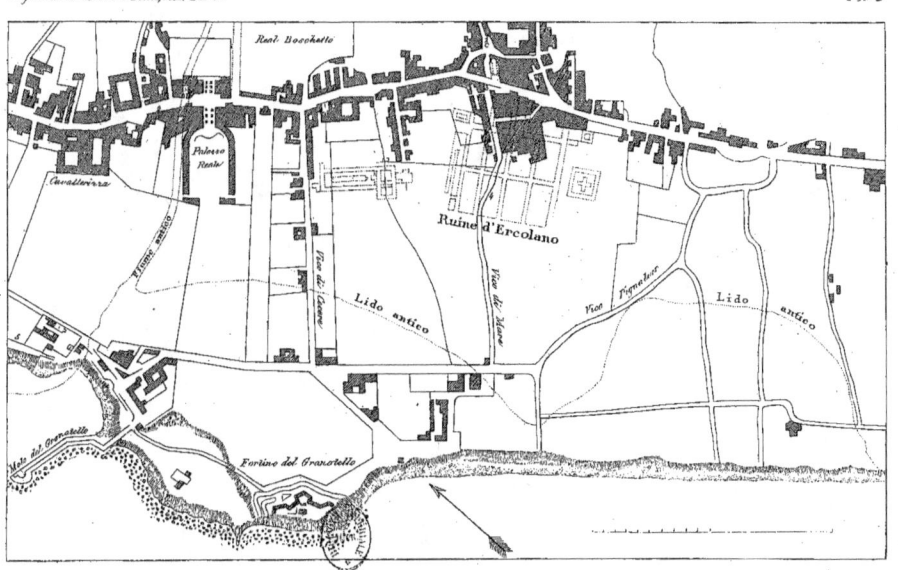

PORTICI ET RESINA

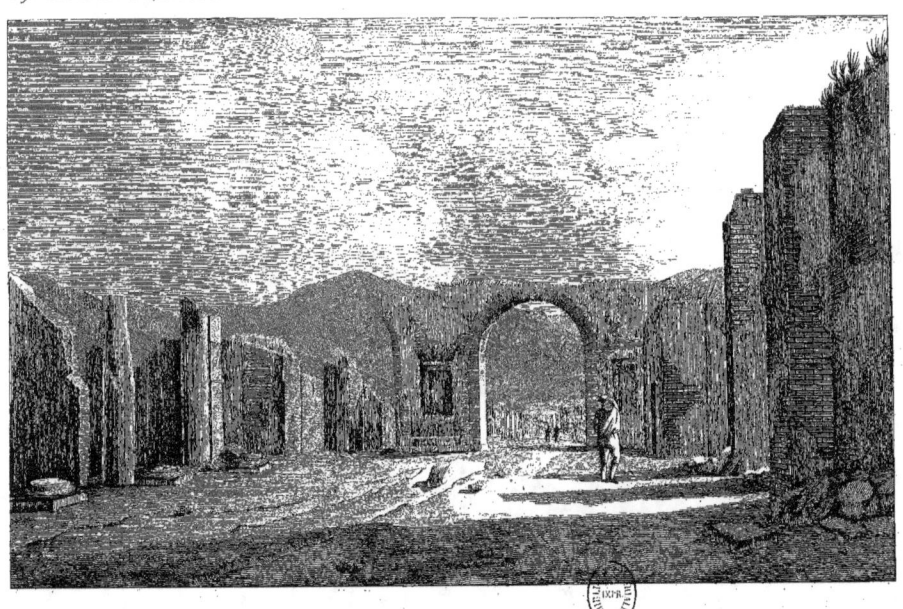

VNE PORTE DV FORVM À POMPEÏ

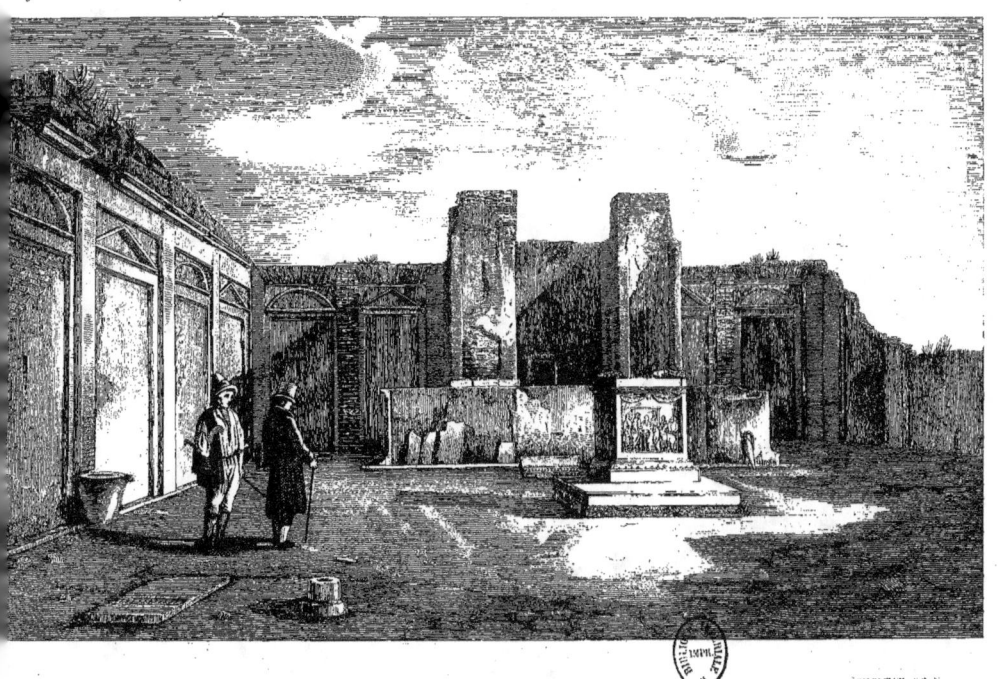

Temple du Forum à Pompeï

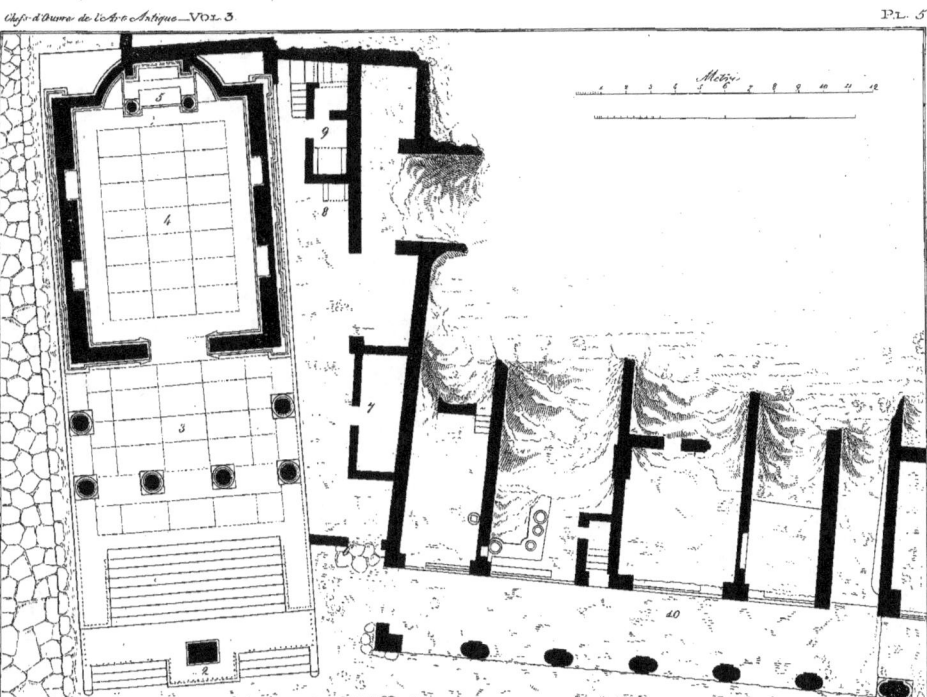

PLAN DV TEMPLE DE LA FORTVNE

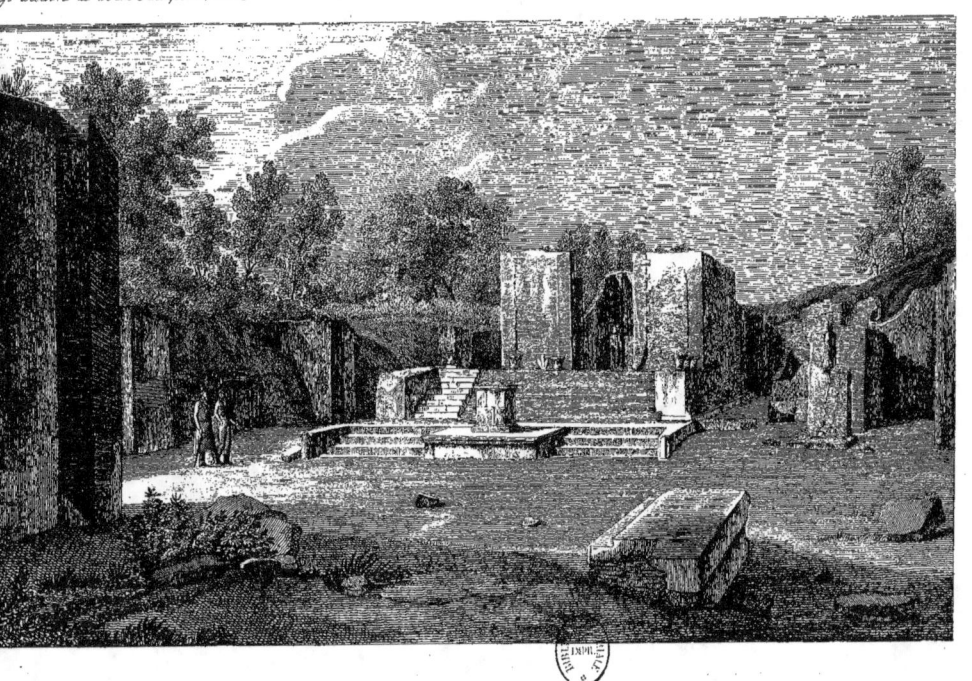

RUINES DU TEMPLE DE LA FORTUNE

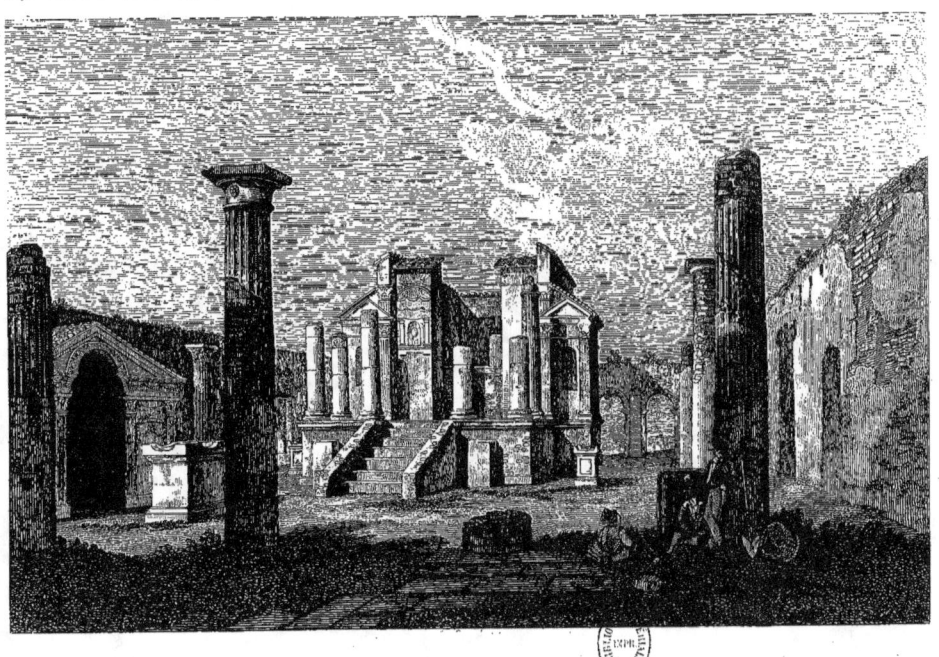

TEMPLE D'ISIS

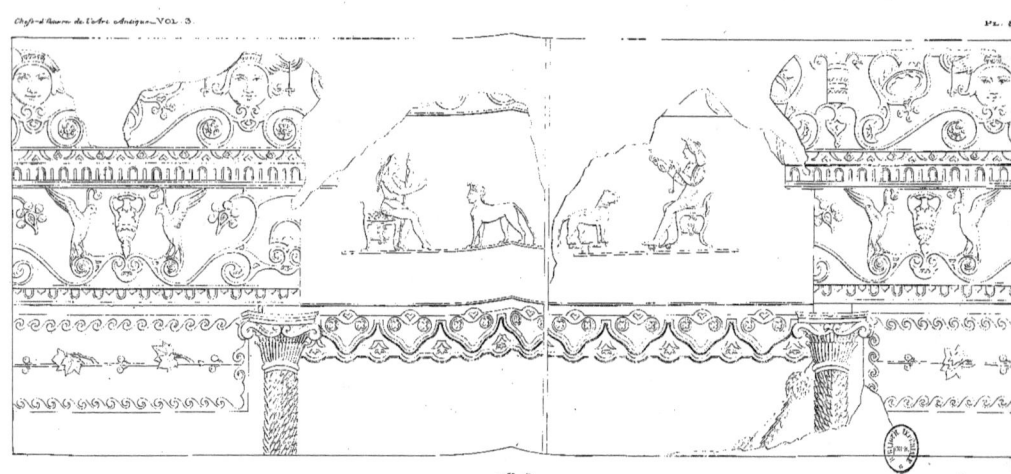

ORNEMENTS DU TEMPLE D'ISIS

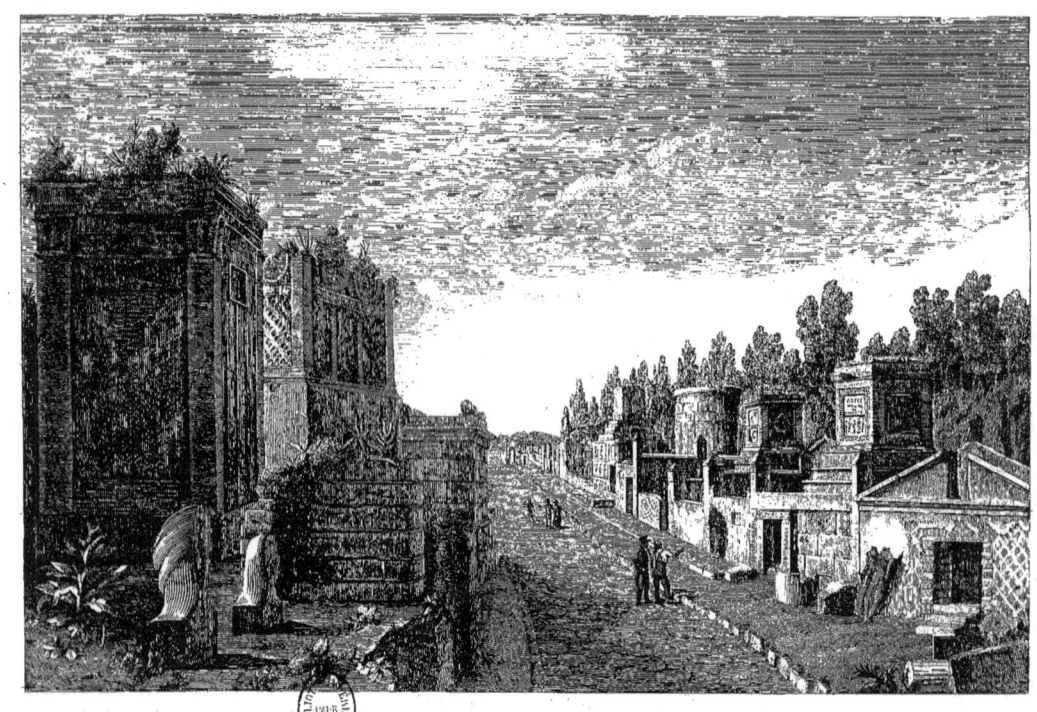

VOIE DES TOMBEAUX

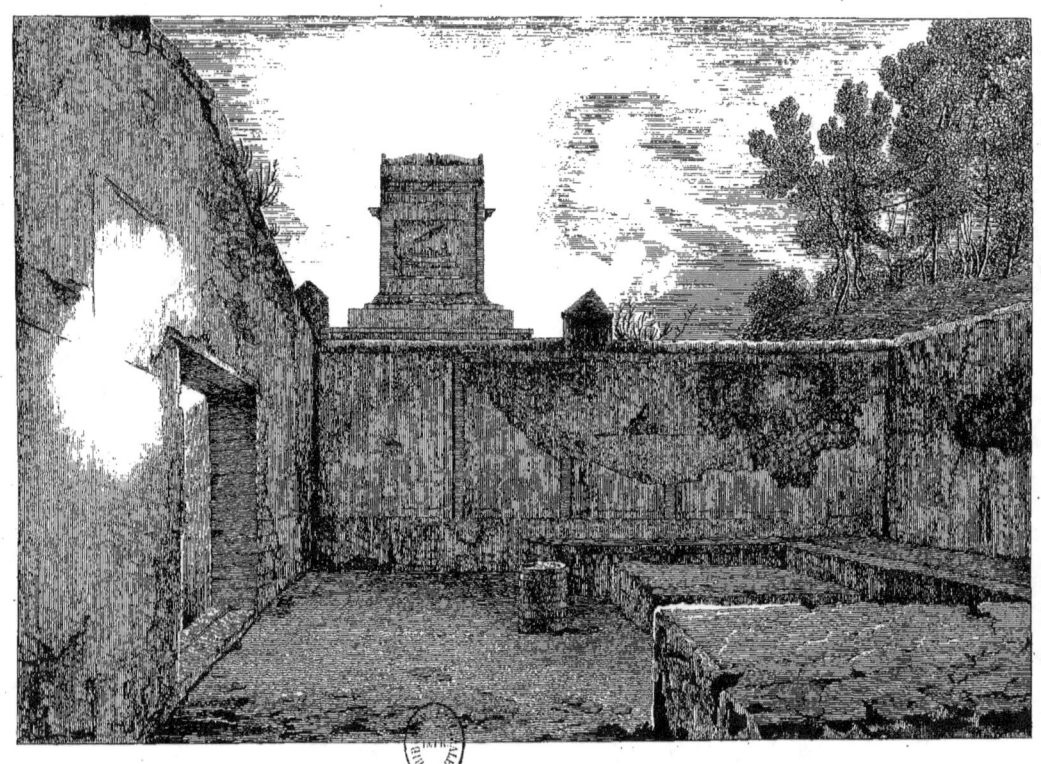

TRICLINIVM FVNÈBRE

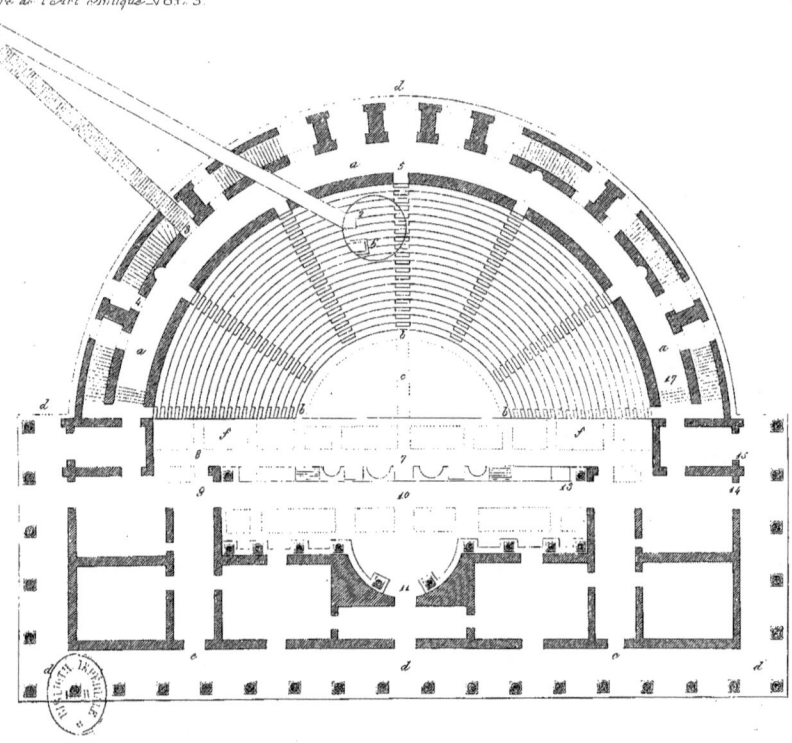

Plan du Théâtre d'Herculanum

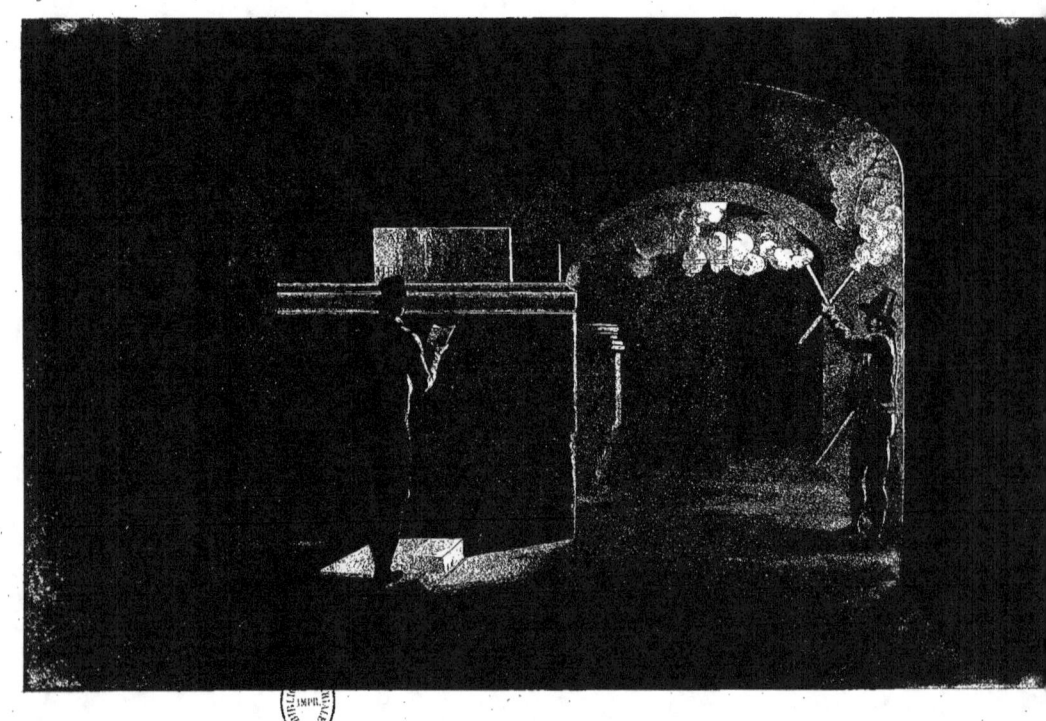

POSTSCENIVM DV THÉÂTRE D'HERCVLANVM

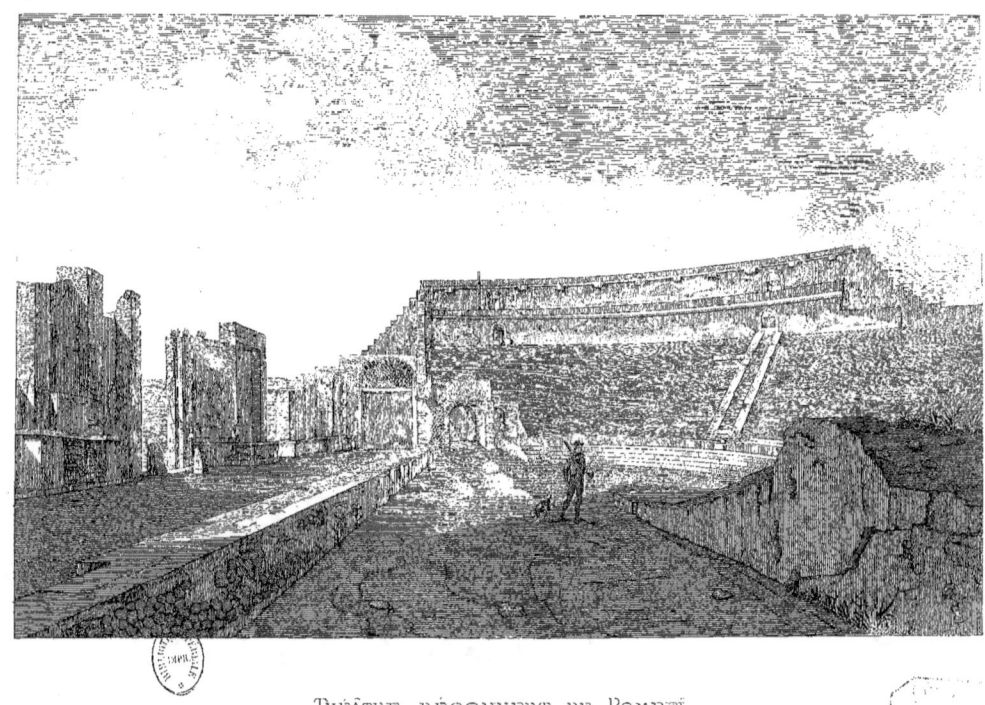

THÉÂTRE DÉCOUVERT DE POMPEÏ

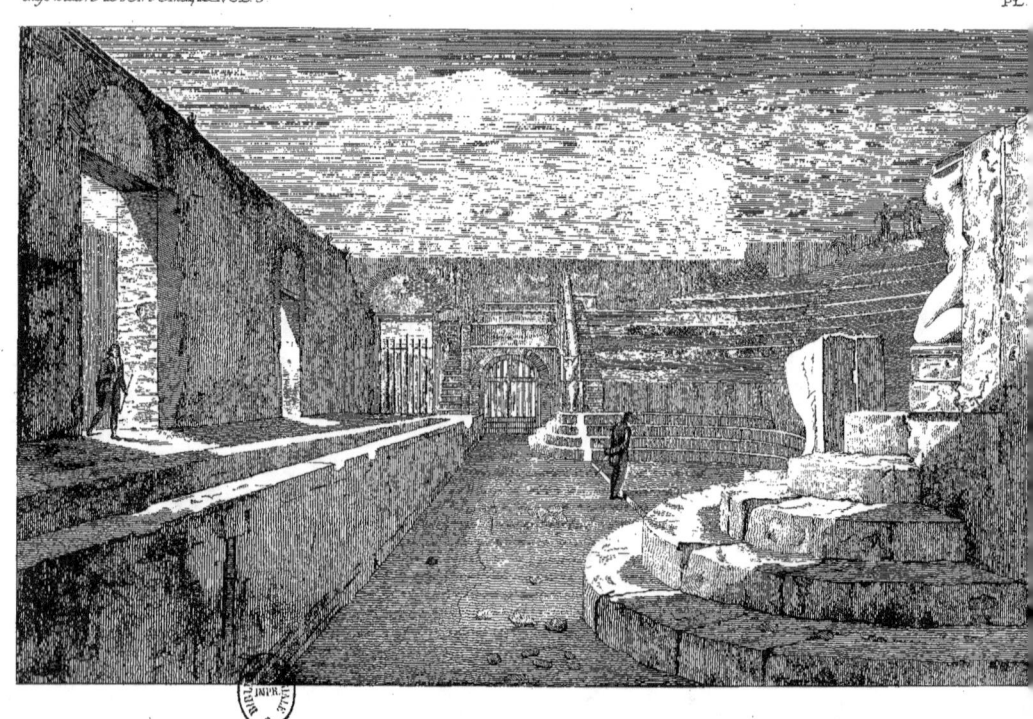

Théâtre couvert de Pompeï

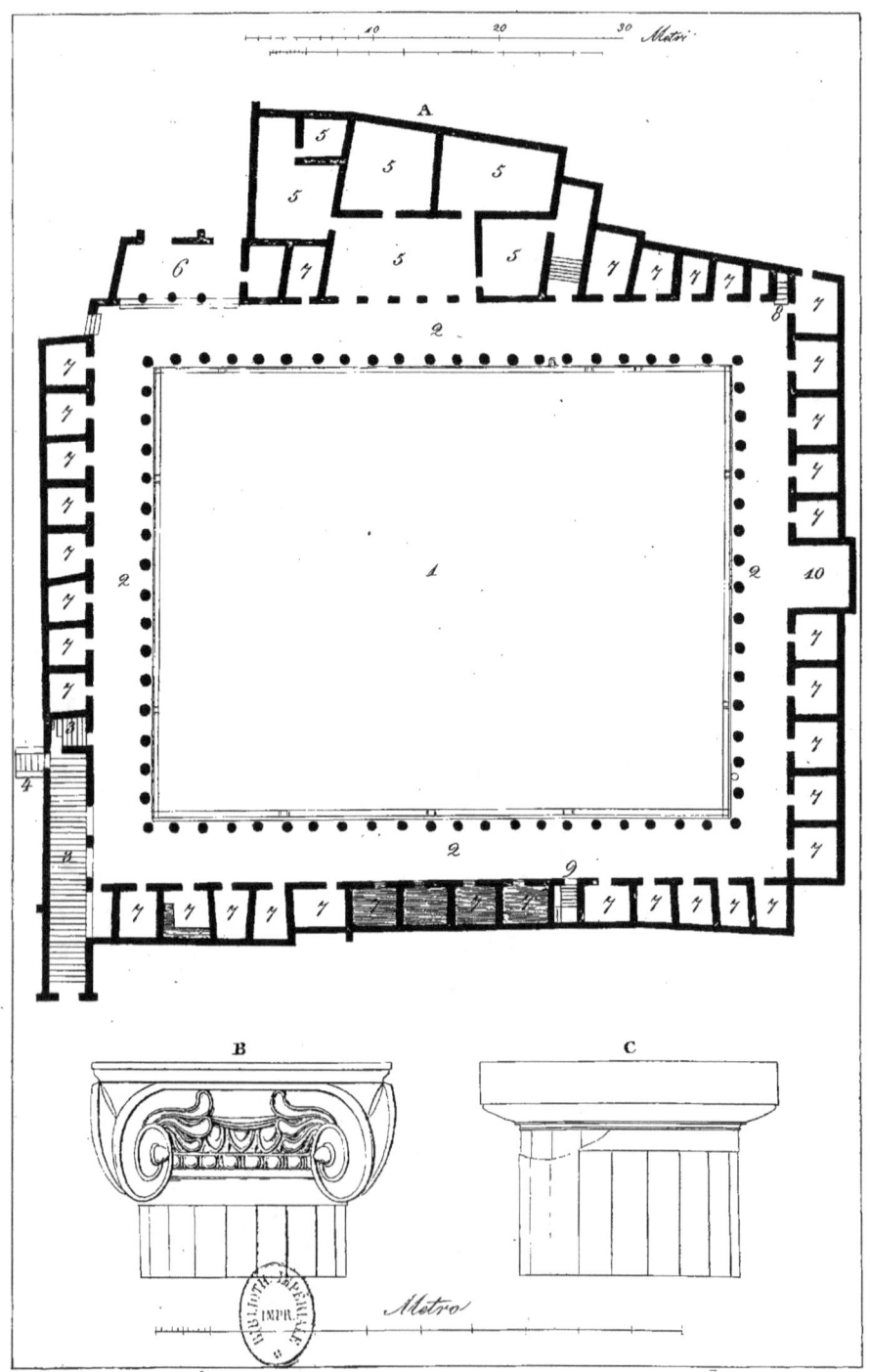

PLAN DE L'ECOLE DES GLADIATEURS

Imp. Lemercier Paris

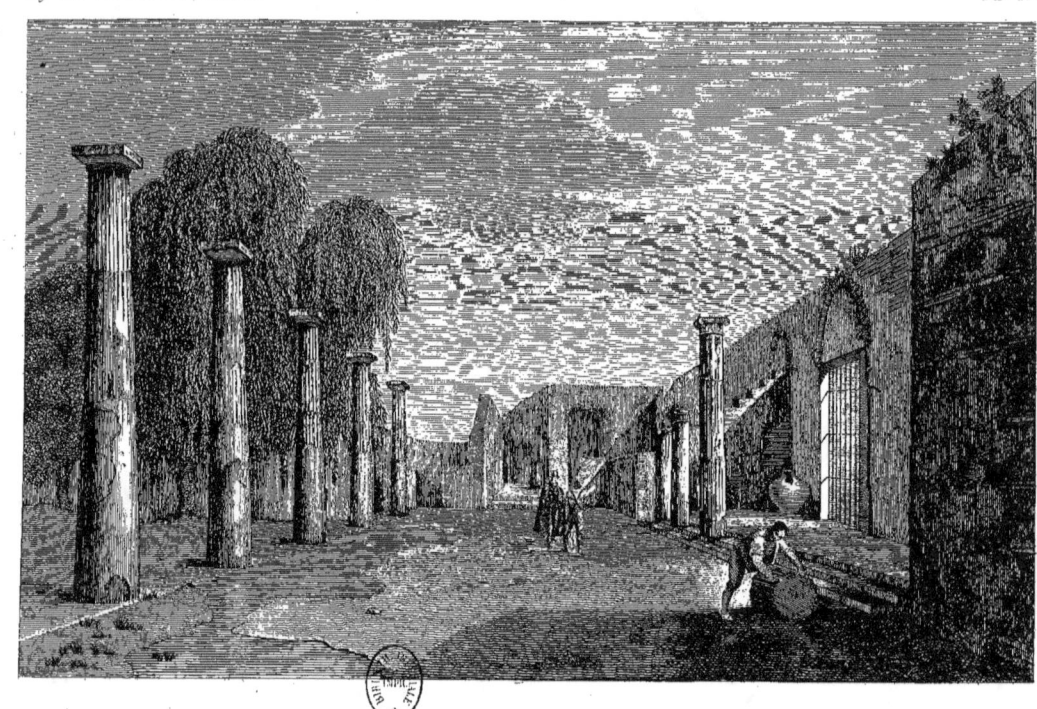

VVE INTÉRIEVRE DE L'ÉCOLE DES GLADIATEVRS

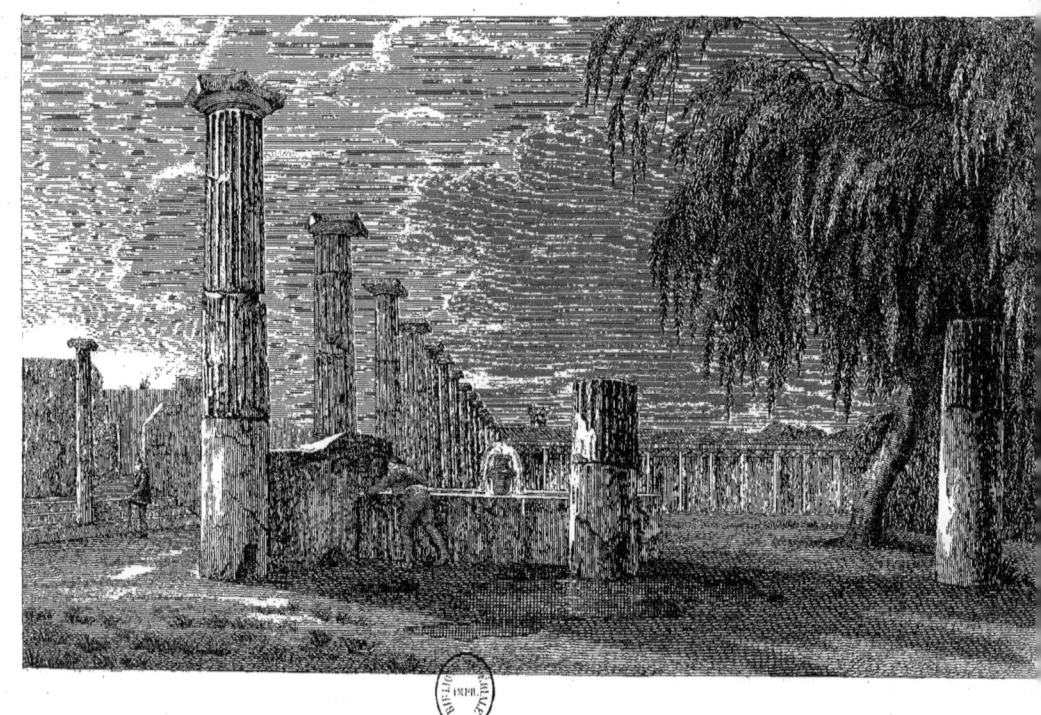

AVTRE VVE

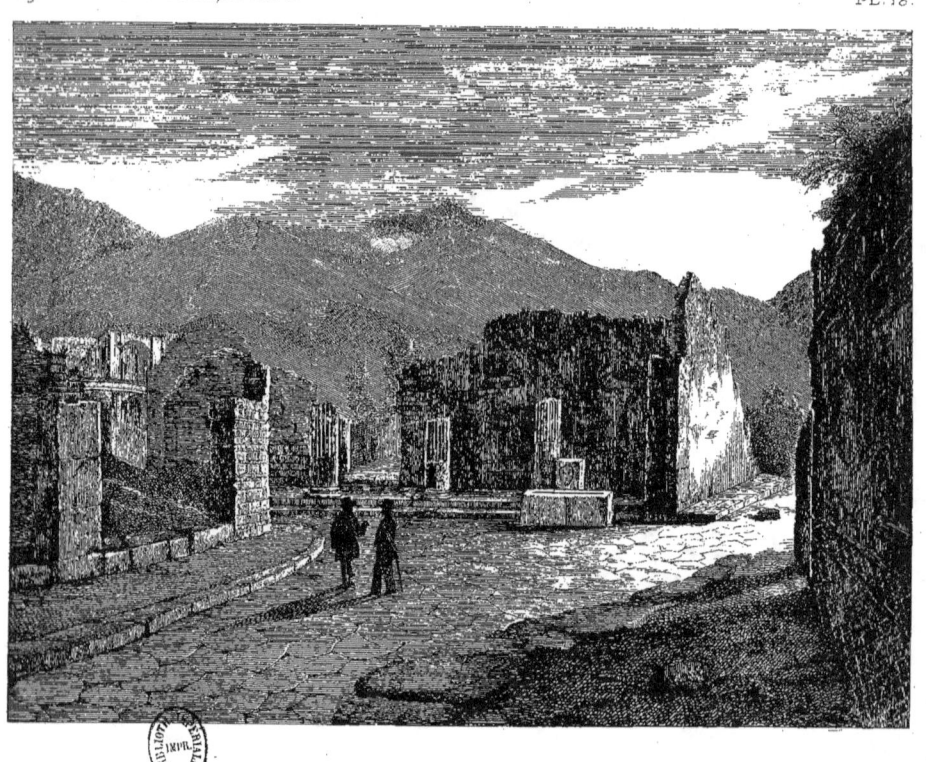

PROPYLÉES

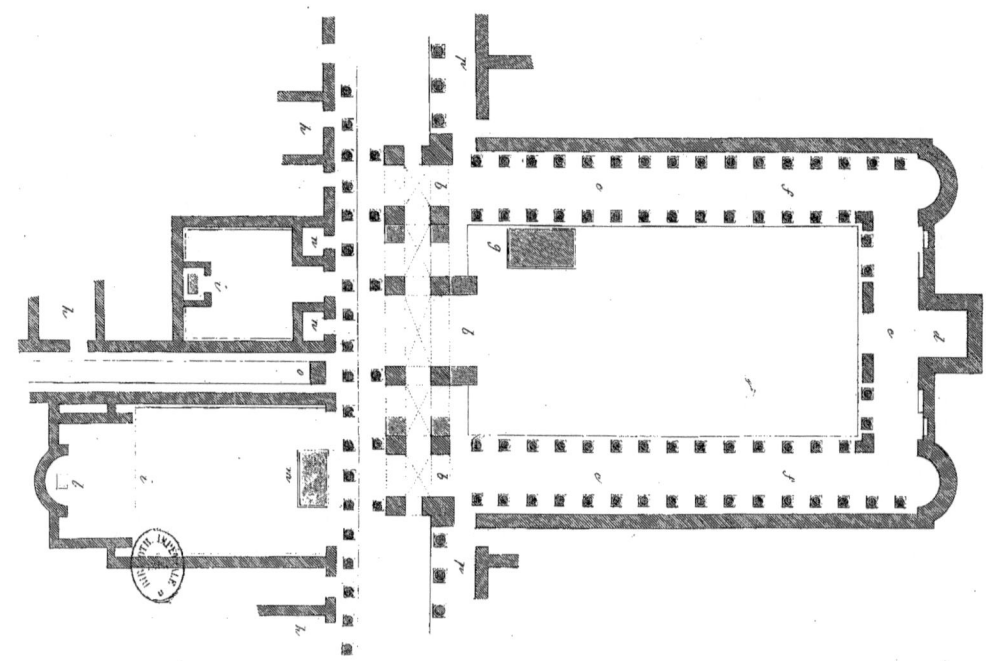

BASILIQVE ET CVRIES, A HERCVLANVM

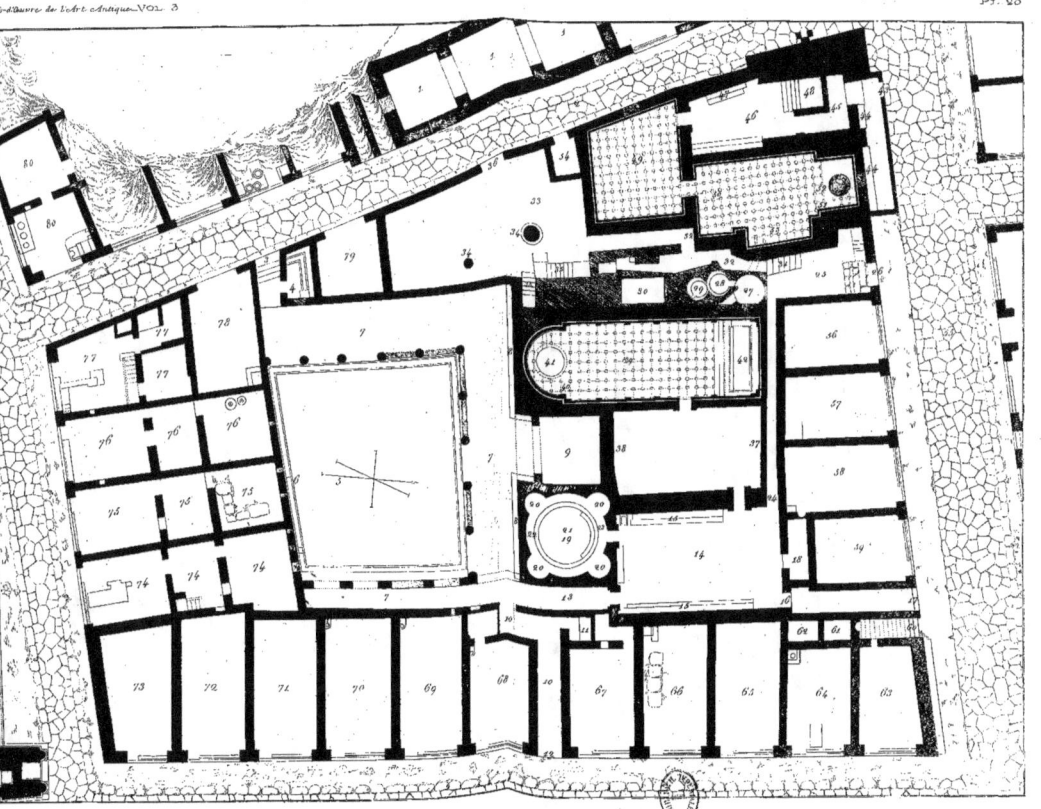

PLAN DES THERMES DE POMPEI

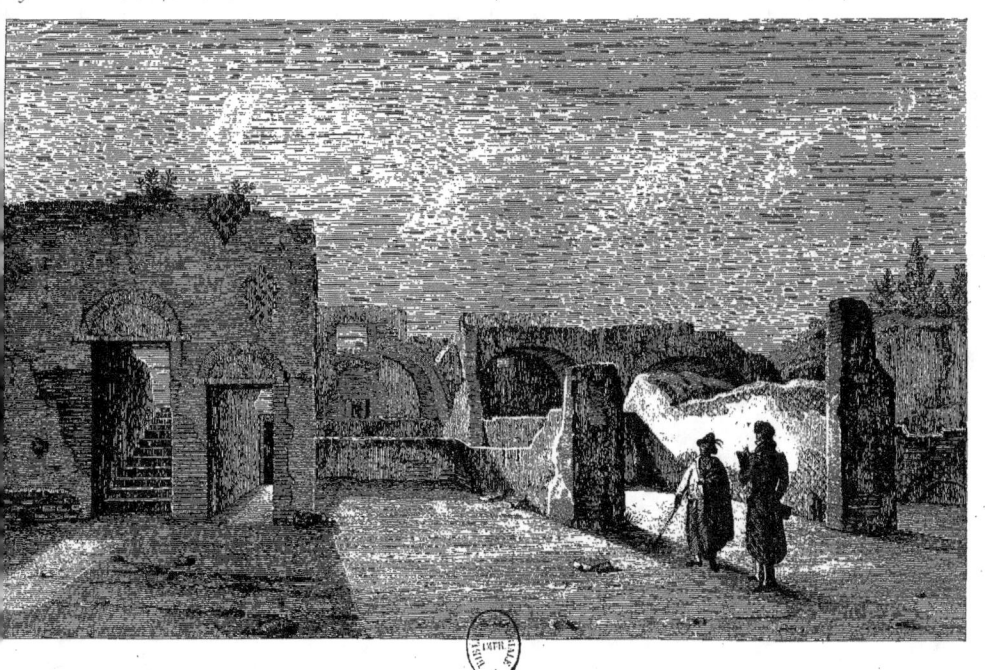

VUE DES RUINES DES THERMES

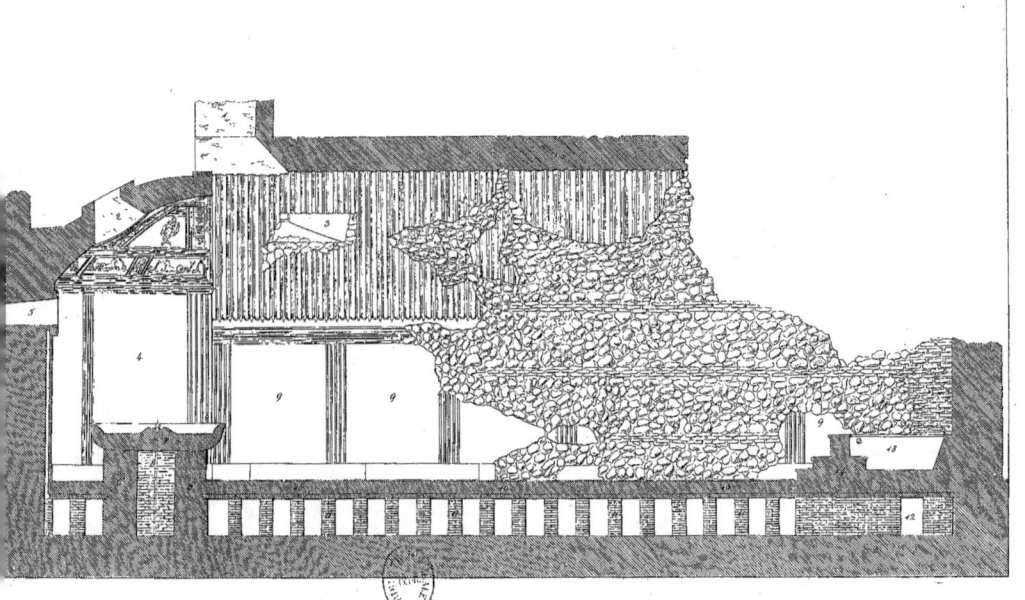

COUPE DU CALIDARIUM

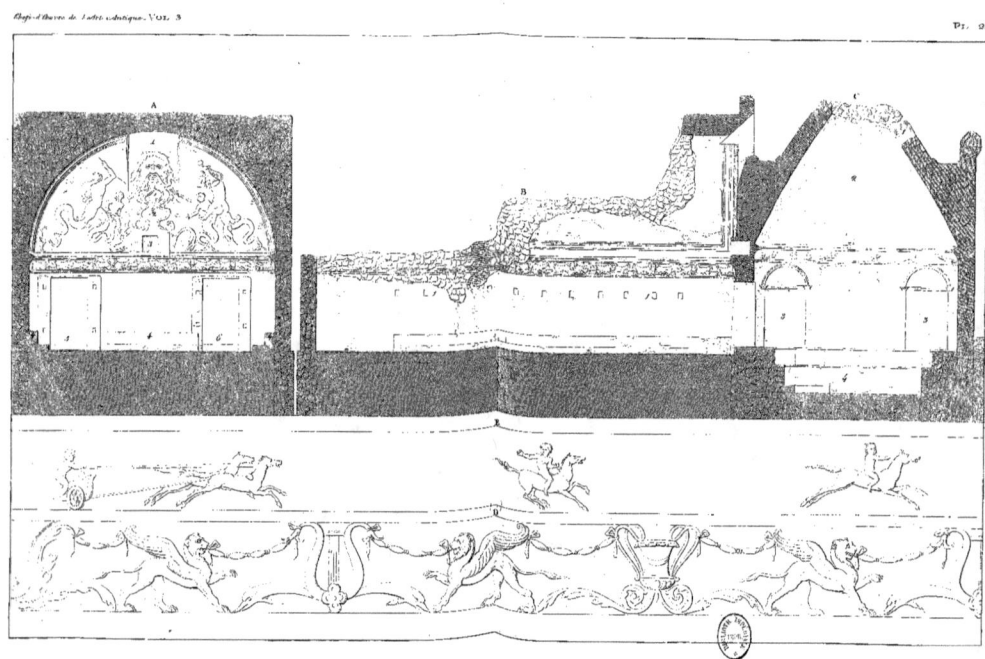

COUPE ET DÉCORATION DE DIVERSES PARTIES DES THERMES

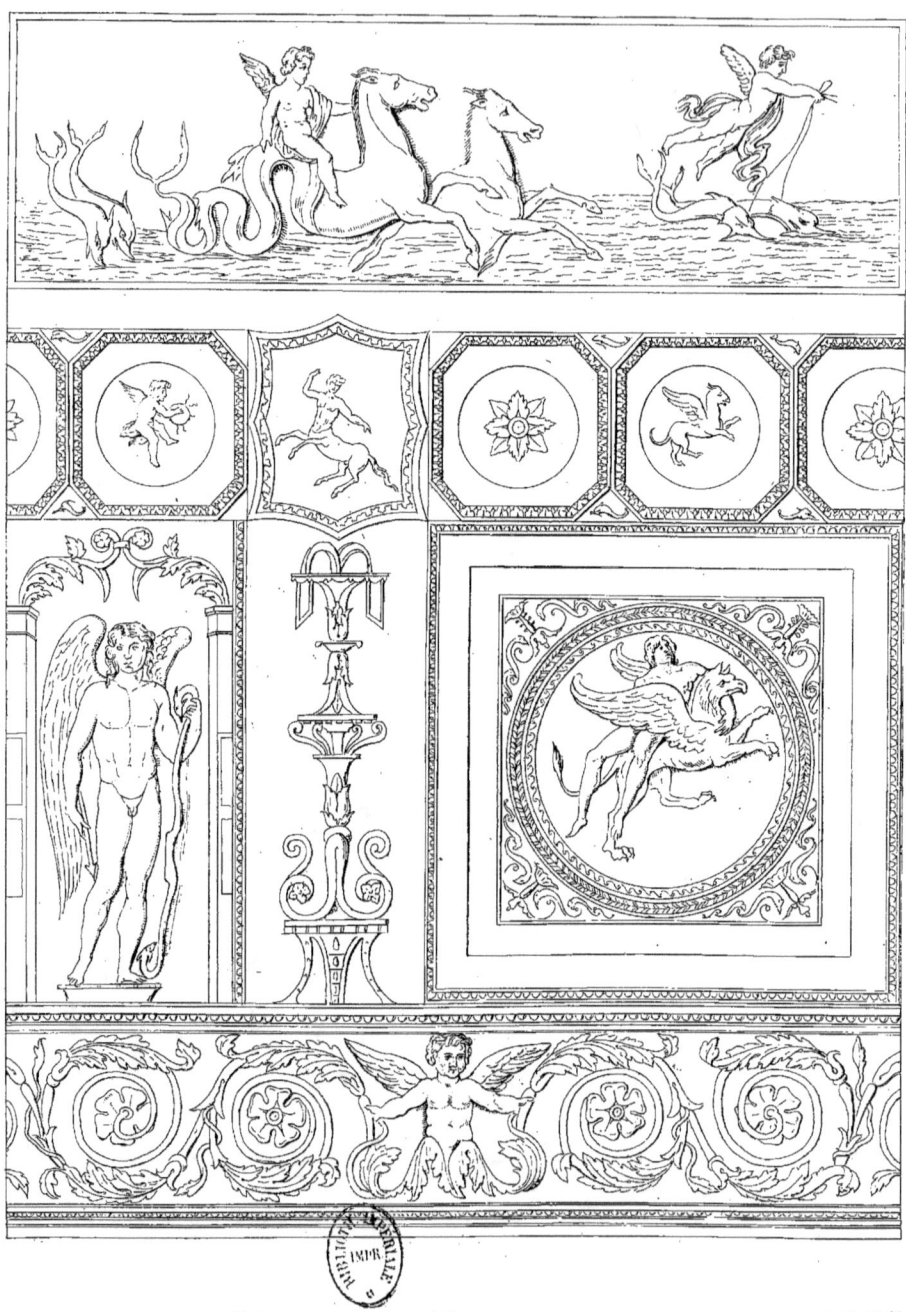

VOUTE DU TEPIDARIUM

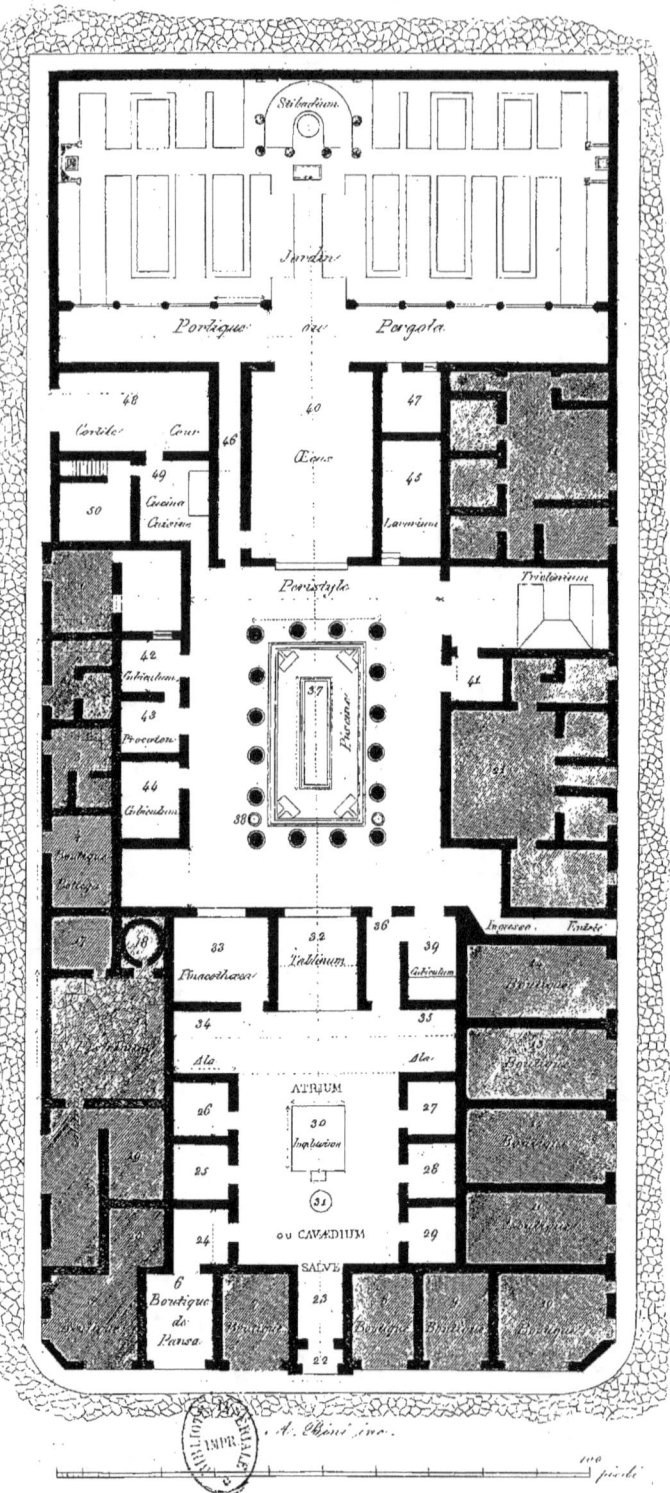

PLAN DE LA MAISON DE PANSA

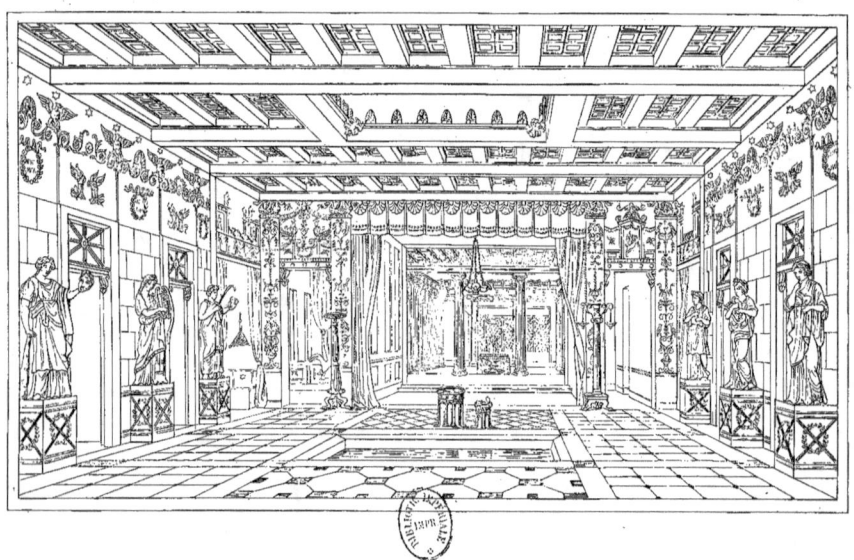

LA MAISON DE PANSA RESTAVRÉE

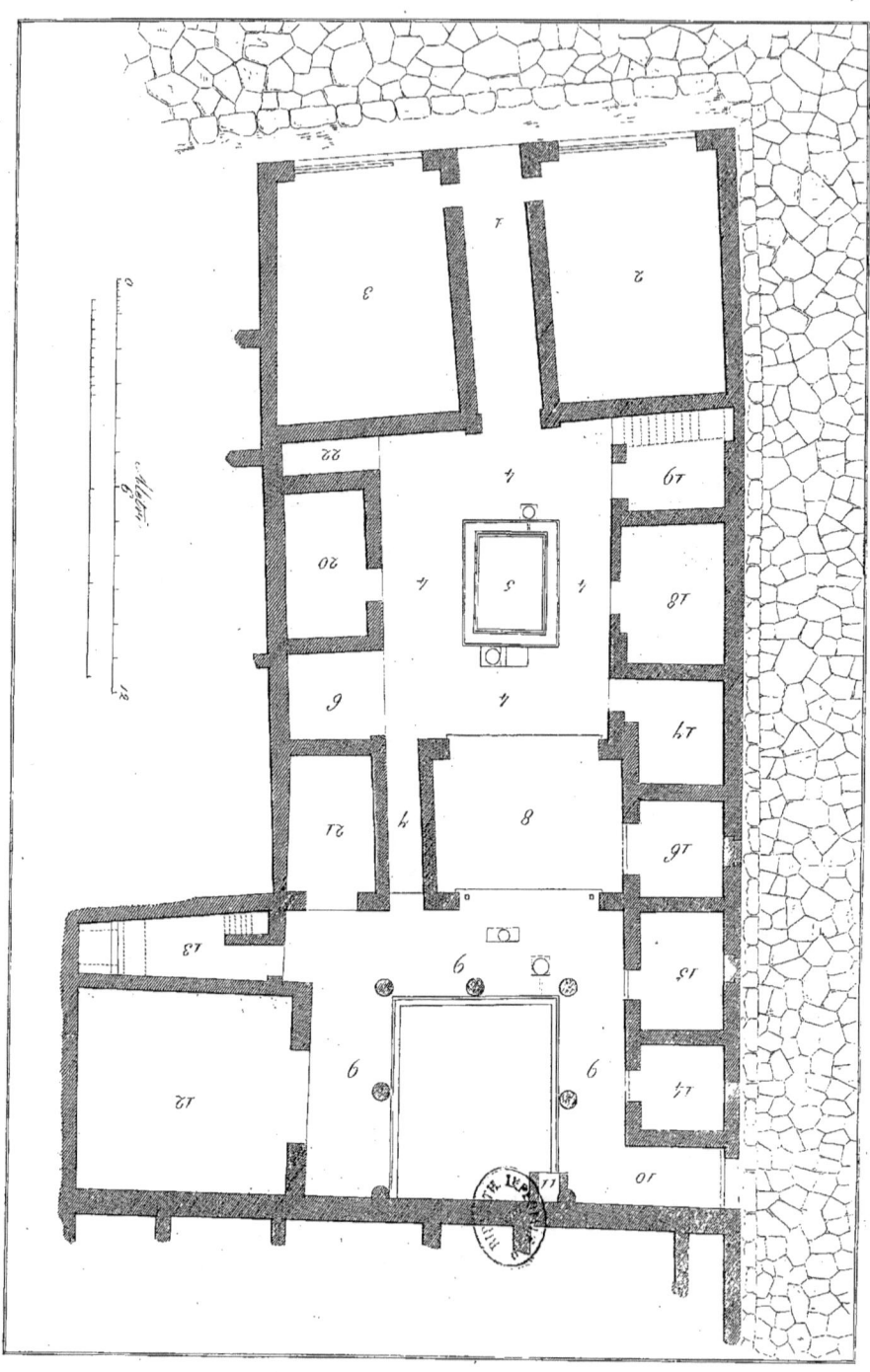

PLAN DE LA MAISON D'HOMÈRE

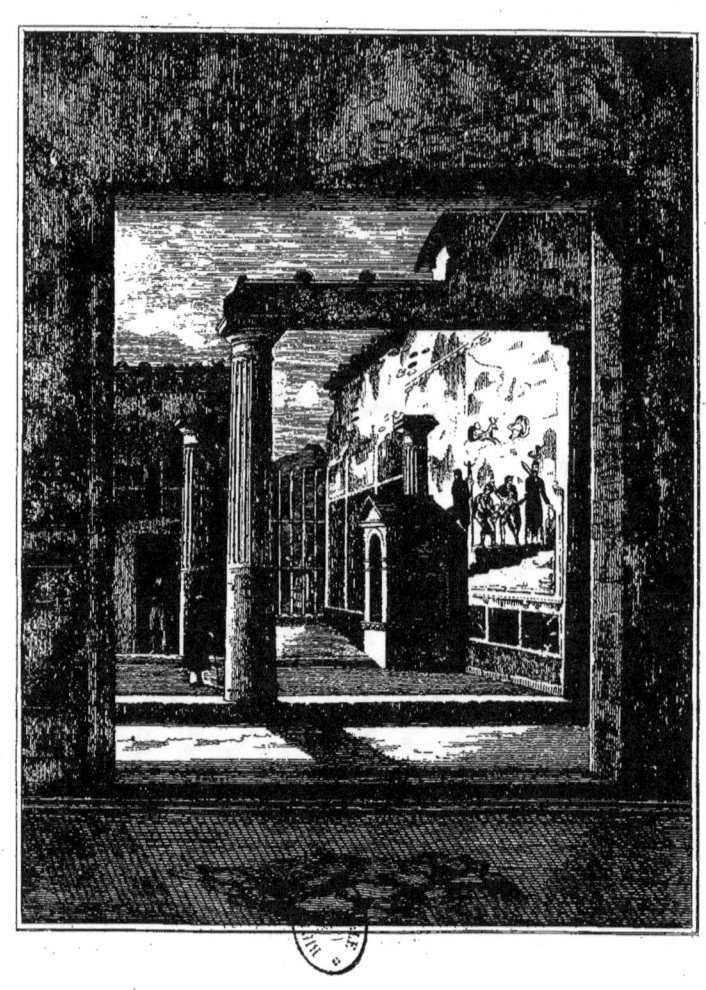

MAISON D'HOMÈRE

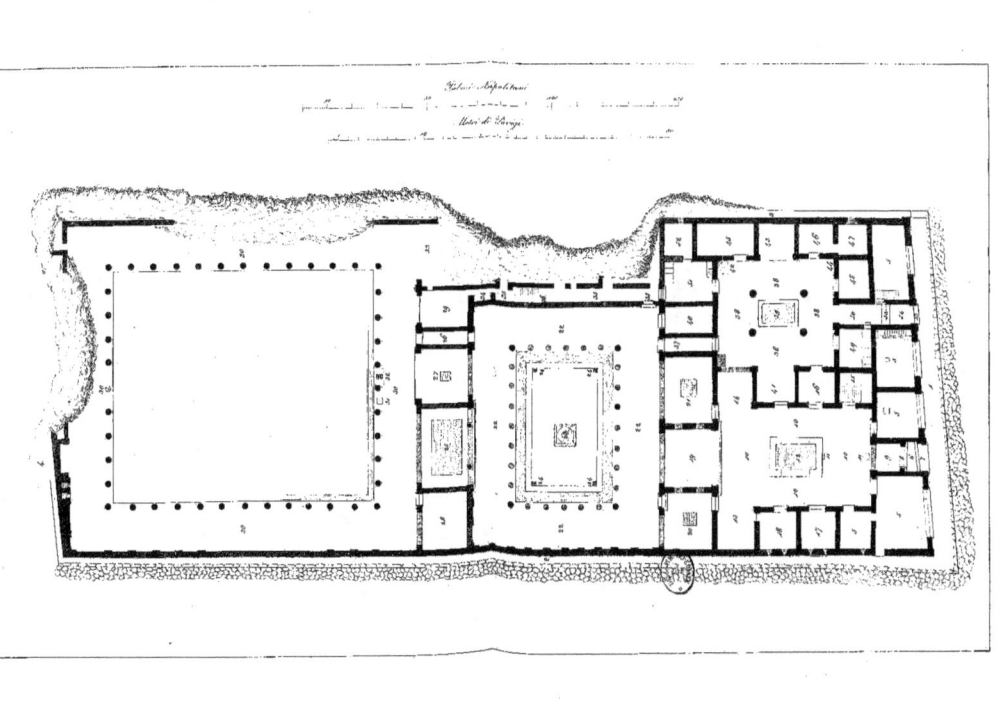

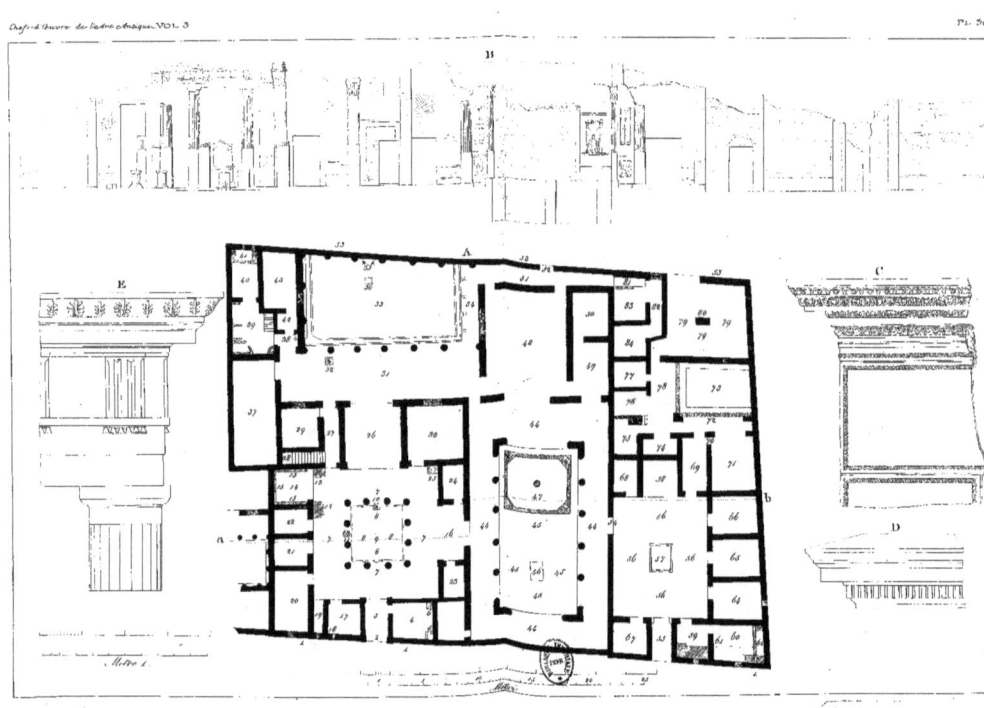

PLAN DE LA MAISON DU QVESTEVR

PLAN DE LA MAISON DE MÉLÉAGRE.

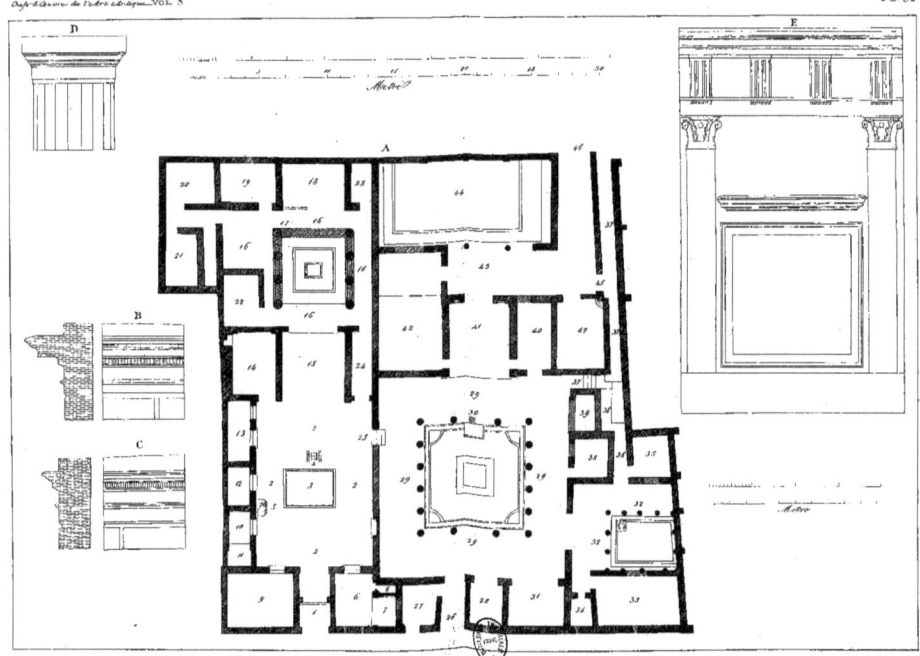

PLAN DE LA MAISON DV CENTAVRE

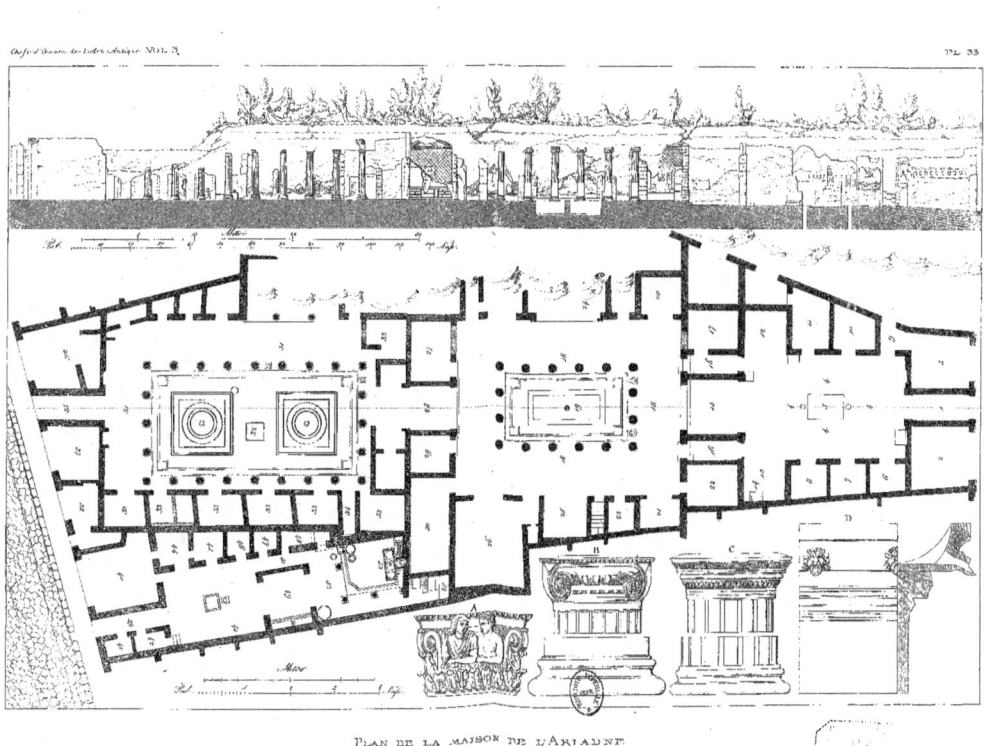

PLAN DE LA MAISON DE L'ARIADNE.

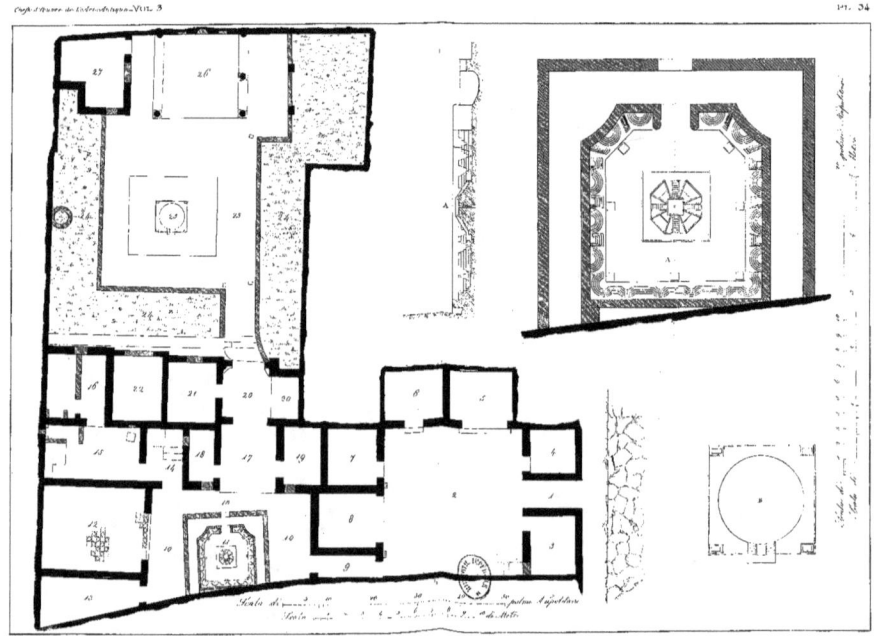

PLAN DE LA MAISON DE L'APOLLON

MAISONS D'HERCVLANVM

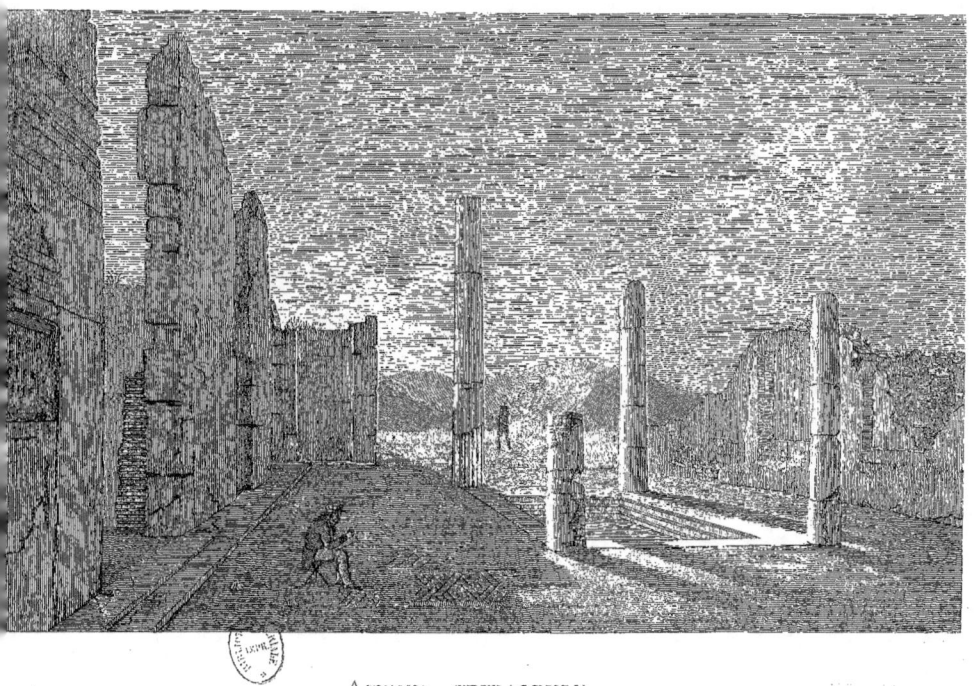

ATRIVM TETRASTYLE

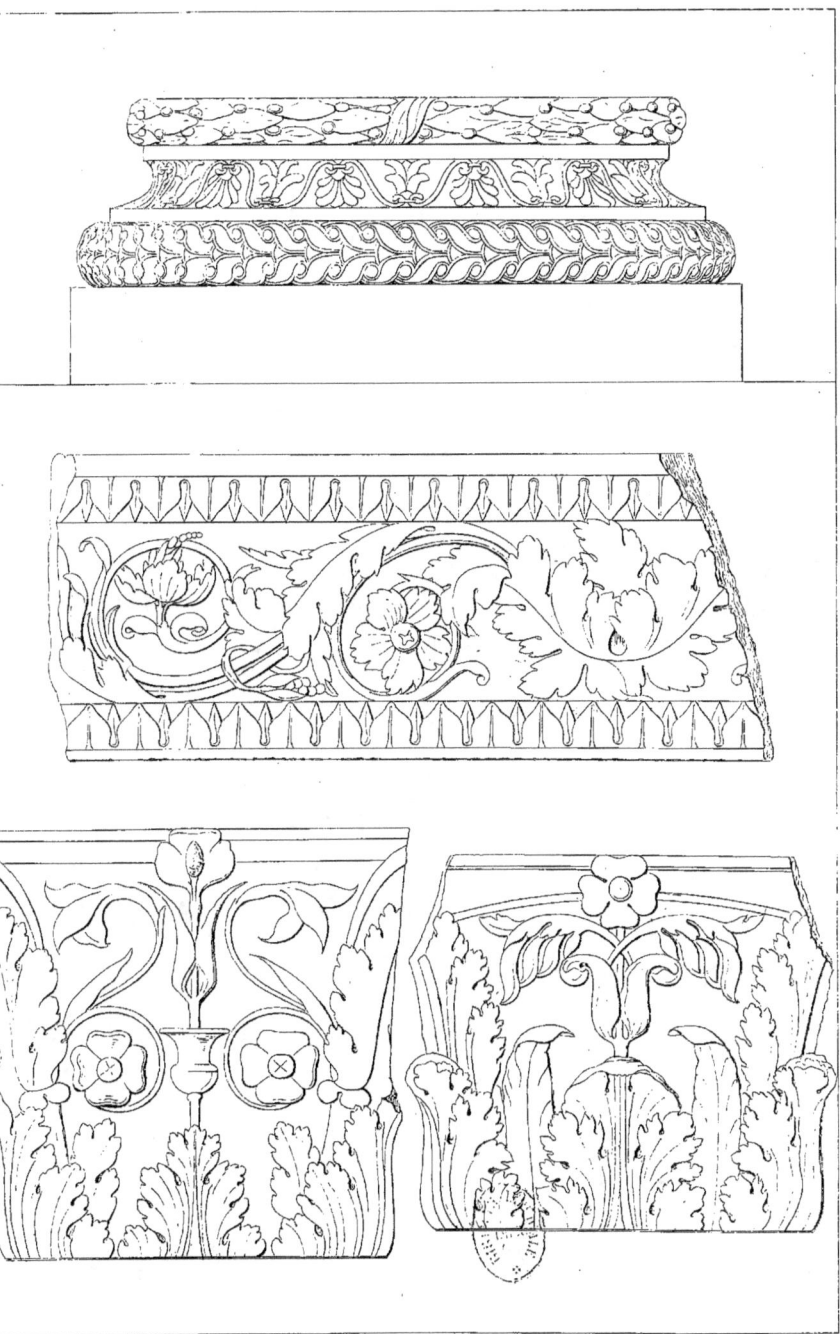

BASE, FRISE ET CHAPITEAVX

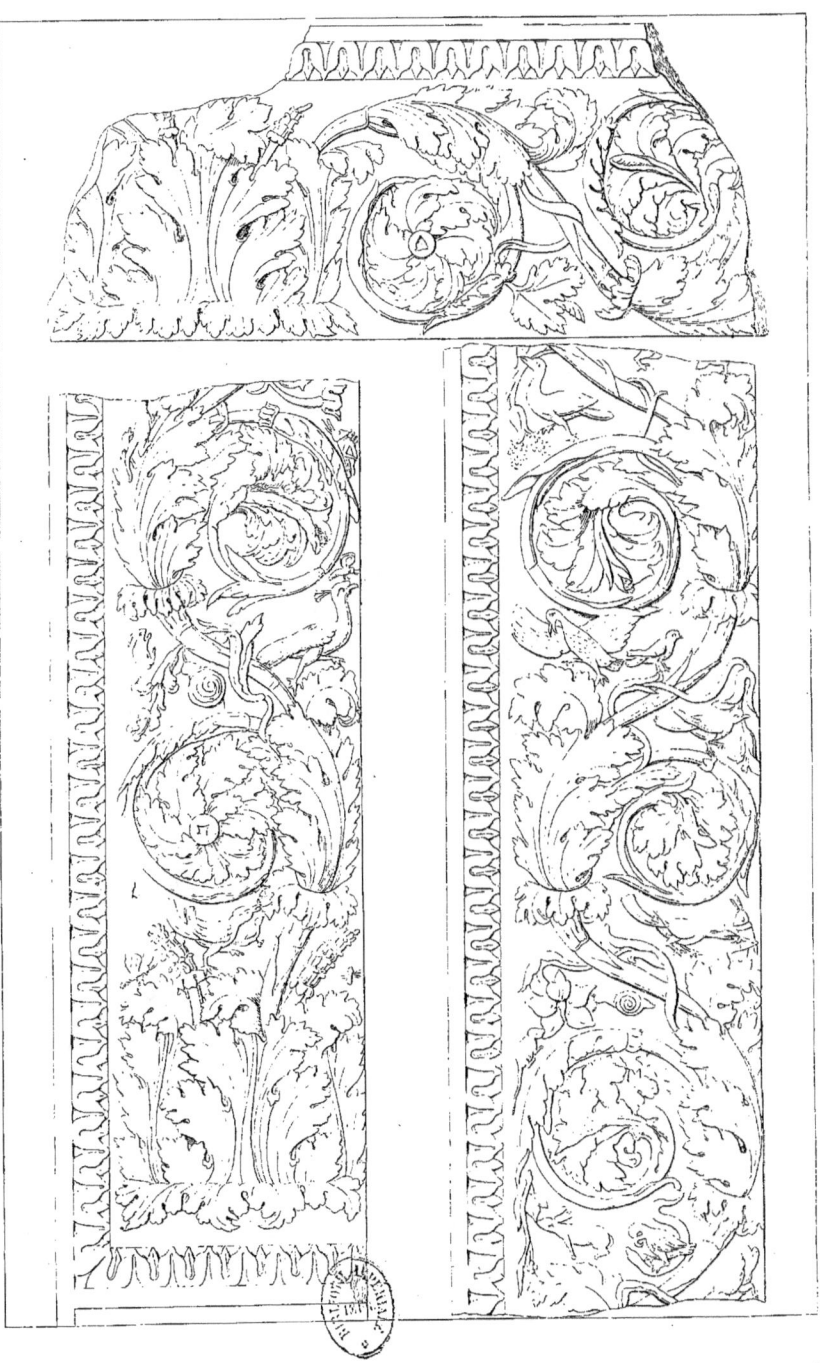

PORTE ET ARCHITRAVE

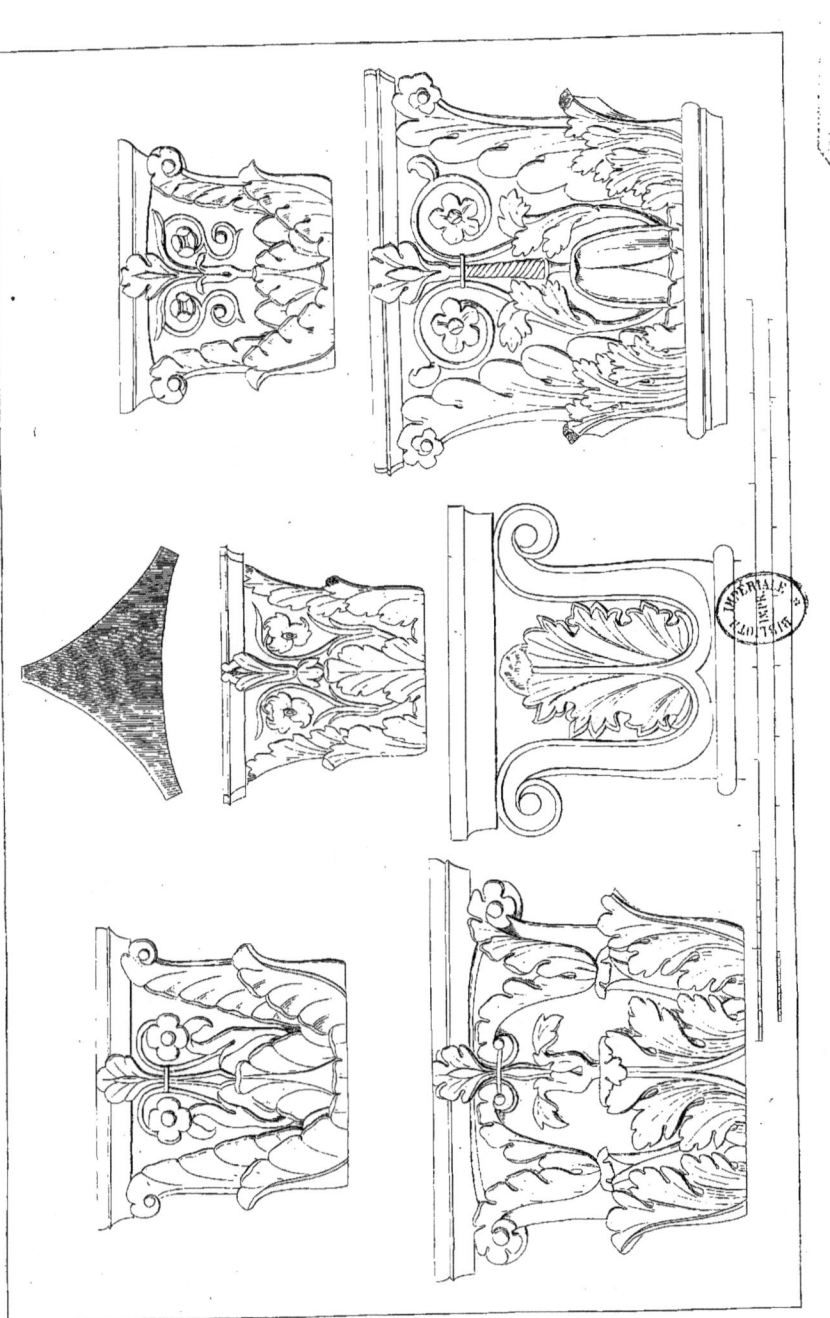

CHAPITEAUX DE POMPEÏ

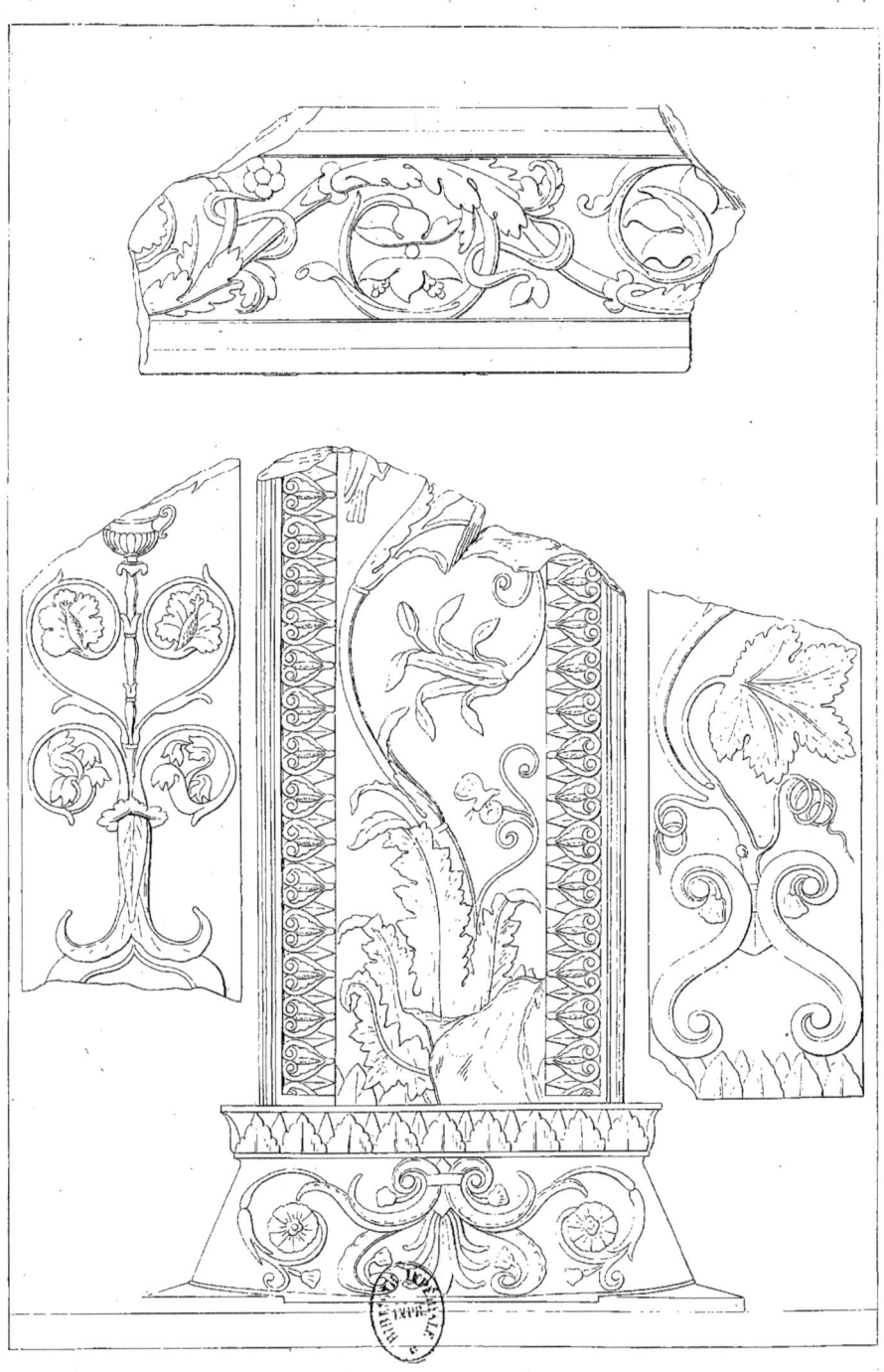

FRAGMENTS D'ORNEMENTATION

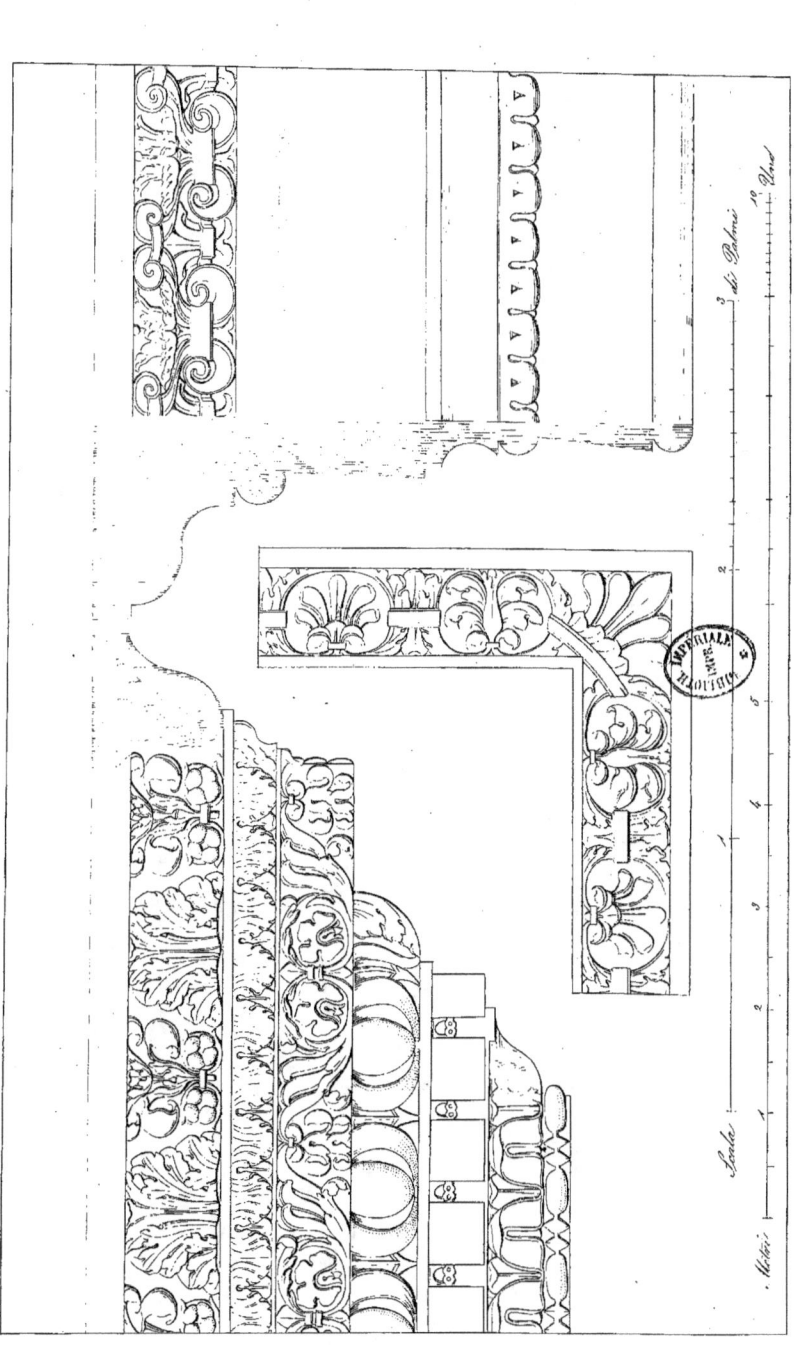

FRISE ET CORNICHE

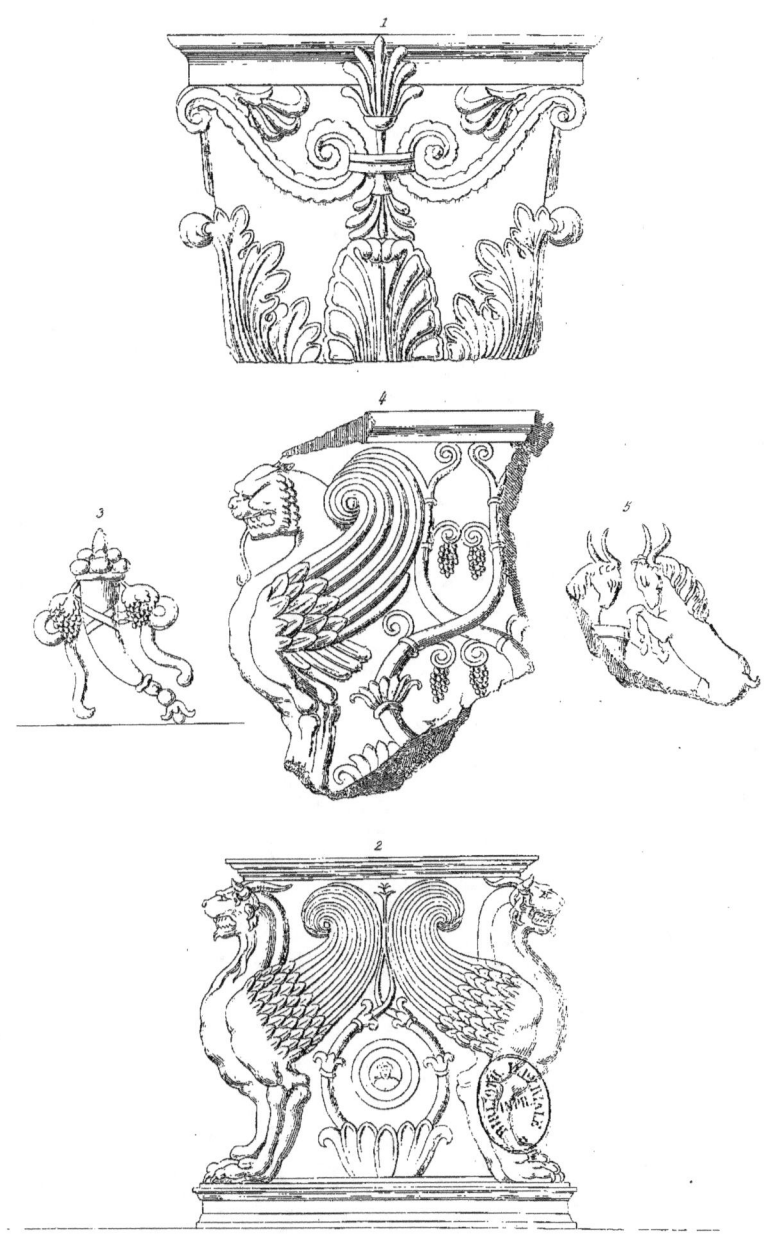

CHAPITEAU ET TRAPEZOPHORE

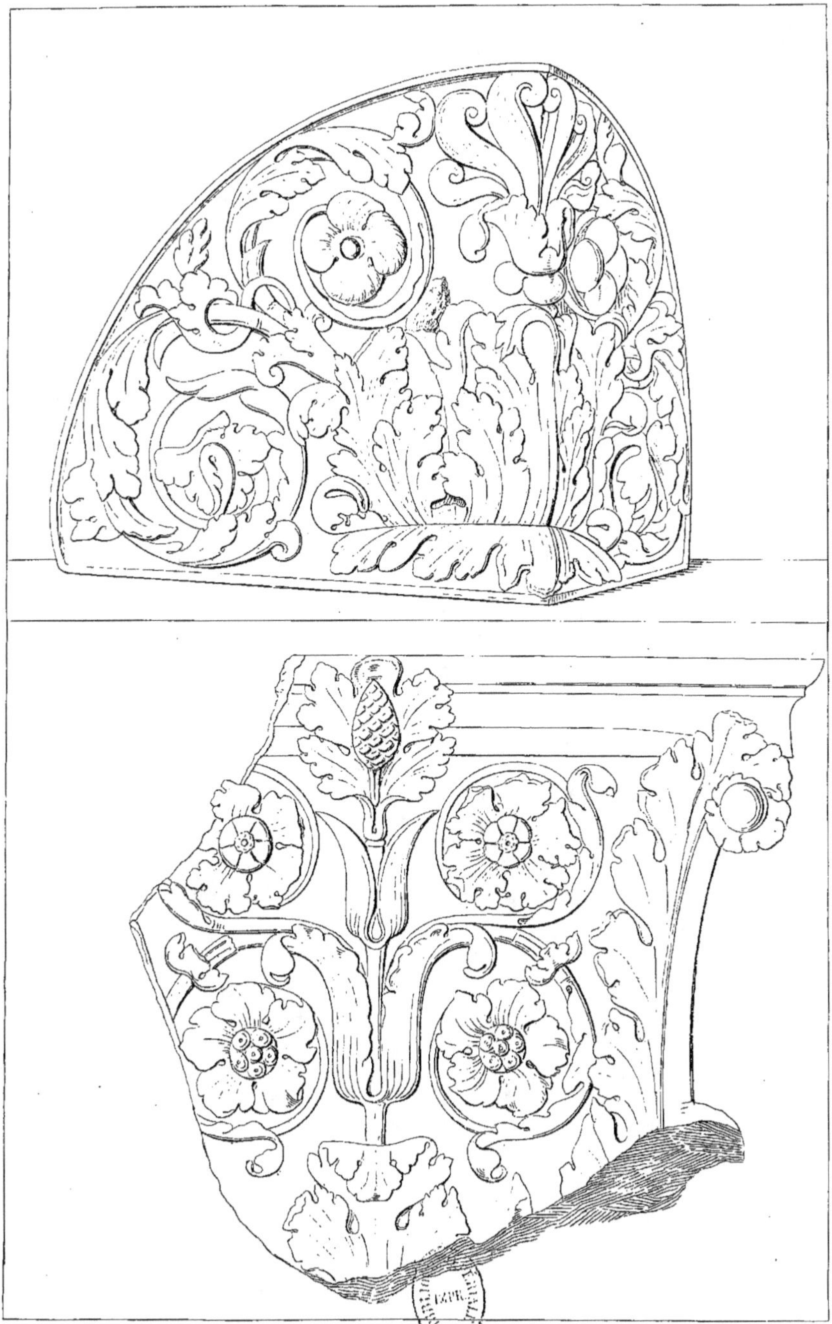

Chefs-d'Œuvre de l'Art Antique_VOL.3.   PL. 43

ANTÉFIXE ET CHAPITEAV

Imp. Lemercier_Paris

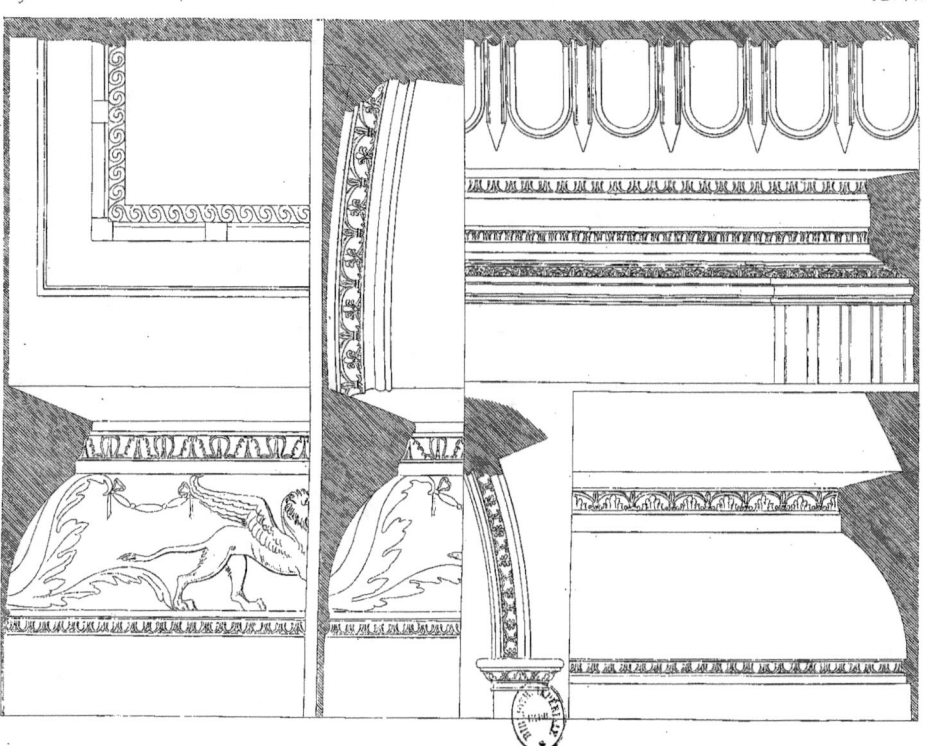

MOULURES

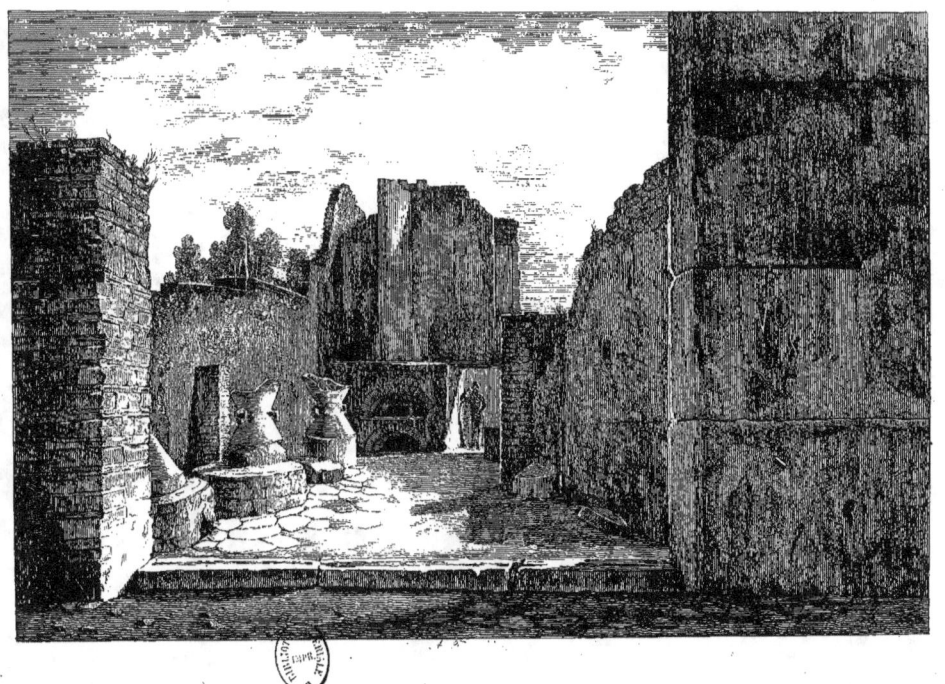

FOUR ET MOULIN

Imp. Lemercier, Paris

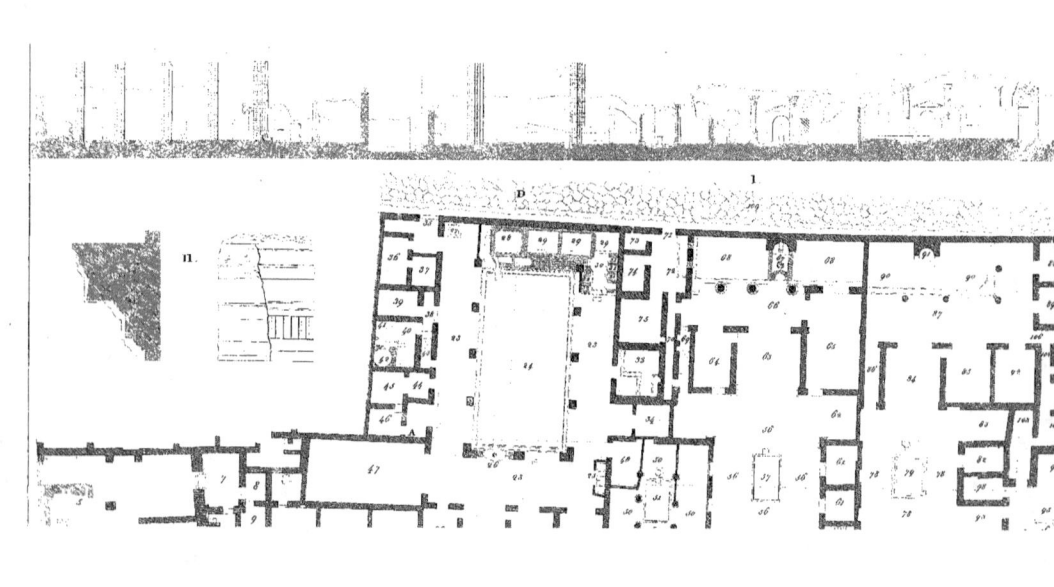

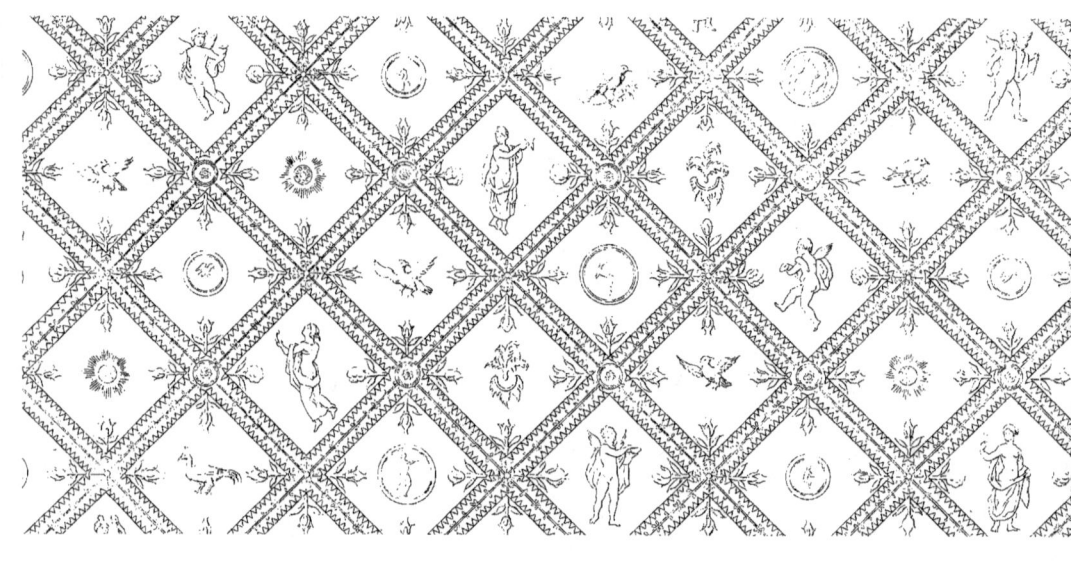

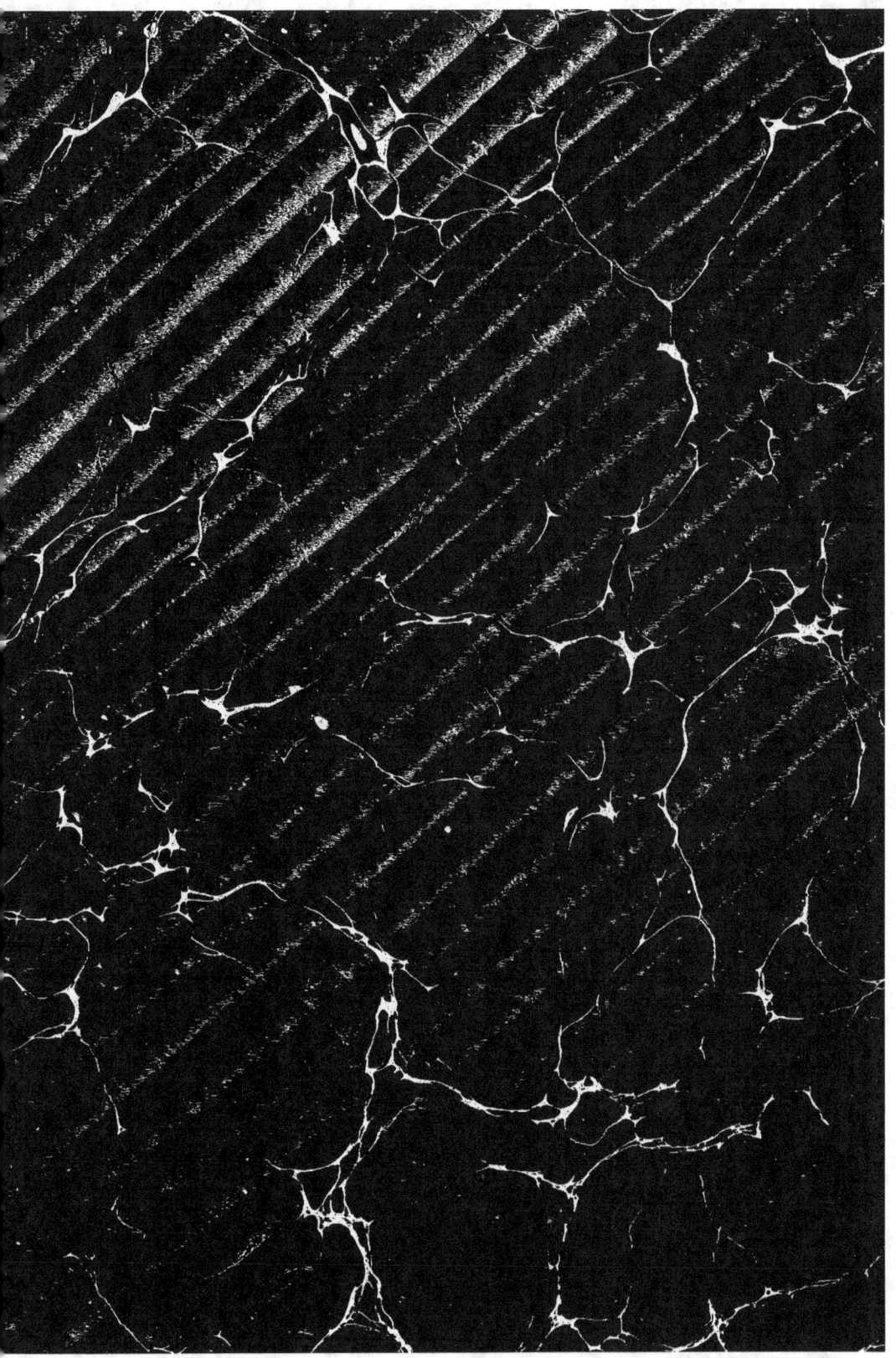

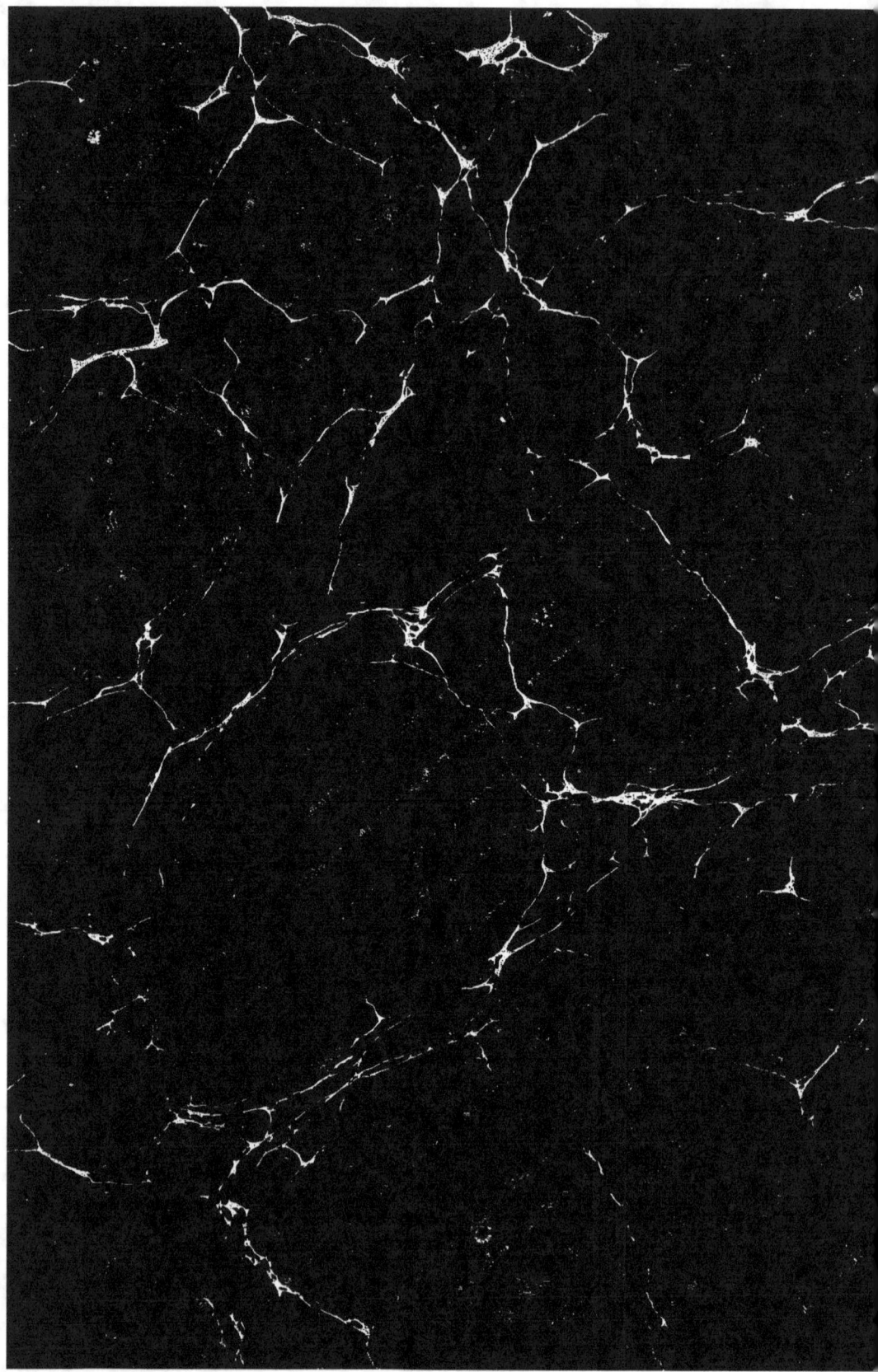

www.ingramcontent.com/pod-product-compliance
Lightning Source LLC
Chambersburg PA
CBHW052251220526
45471CB00001B/290